子どもを壊す部活トレ

一流トレーナーが教える本当に効く練習方法

中野ジェームズ修一

フィジカルトレーナー

764

中公新書ラクレ

はじめに

古く昭和の時代の部活動では、体罰が存在し、運動中の水分補給が禁止されていて、理不尽にひたすらグラウンドを走らされるなどということが、当たり前のように見られました。その頃と比べれば随分と環境は改善されたと思いますが、それでも部活動で行われているトレーニングや体のケアが科学的かつ理論的なものかというと、そうではないという話を見聞きします。

たとえば、膝を冷やすとケガに繋がるからと1年中長いパンツを穿《は》かなければいけないと指導されたとか、1年生は体を鍛えるために冬でもTシャツと短パンで練習しなければいけないとか、捻挫した直後に足首を冷やさずに温めていたとか、そんな話も聞くことがあります。

それはどれも昔の話ではありません。これらは少し極端な例かもしれませんが、スポーツ医学の観点で見て誤った情報にもとづいてトレーニングやケアをしている部活動がまだまだあるということなのだと思います。もちろん、悪気があるわけではなく、指導者の方が過去に経験したり、教わったりしたことを信じ、良かれと思って子どもたちに伝えているのでしょう。

しかし、世の中のあらゆることがそうであるように、スポーツやトレーニングの世界も日進月歩。情報はどんどんアップデートされていきます。トレーニング指導を仕事にしている私たちトレーナーも、アスリートたちに最善のものを提供できるように、日々学び続けています。10年前に常識だったことが、非常識になるということも起こり得るからです。

過去の経験則だけにもとづいた指導は、非常にリスクが高い行為だということを、まず認識していただければと思います。

競技力の向上だけが部活動の目的ではないと思いますが、効果のない練習を延々と繰り返すよりも、効率良く上達するトレーニングをした方が、子どもたちも楽しいでしょうし、学びも多いでしょう。正しい方法での試行錯誤の経験は、きっと社会に出てからも役に立つはずです。

本書の第1章では、走力や跳躍力、柔軟性といった運動能力を、ケガのリスクをなるべく抑えながら効率良く向上させるためのトレーニング方法を紹介しています。成長過程にある子どもたちの体は、大人の体よりも繊細です。過度に負荷をかけたり、誤った方法でトレーニングをすると、骨が変形してしまったり、体の健全な発育を止めてしまう可能性があります。

体を鍛えるためのトレーニングで体を壊すことがないように、十分に注意をして練習に励んでもらえればと思います。

水分補給やウォーミングアップの重要性や、同じ動作の過度な繰り返しによるスポーツ障害の危険性は、昔に比べると理解が広がっているとは思いますが、熱中症による事故や、スポーツ障害によって競技を続けられなくなる例はなくなりません。

これらを完全になくすのは難しいことですが、少なくともゼロに近づける努力はしなければいけないでしょう。

しかし残念なことに、試合会場に足を運ぶと、準備運動や試合後のケアが雑に行われていたり、暑さ対策が不十分だったりする光景を目にすることがあります。

第2章では、不必要なケガや不調を予防するための、準備とケアについて書きました。準備とケアを怠れば、体を壊すリスクは跳ね上がってしまいます。注意し過ぎるぐらいがちょうど良いと思います。

第3章では、睡眠、食事、生活習慣といった日常生活について書いています。子どもが体を壊す要因は、部活動中にだけあるわけではありません。栄養不足や睡眠不足が原因で熱中症を起こすことはよくあります。もちろん、心身の健全な発育のためにも十分な睡眠と栄養は不可欠です。

周囲の大人たちが正しい情報を知っていれば、防げる事故やケガはあります。また、インターネットの発達で昔に比べたら情報は得やすくなった反面、その取捨選択が難しくなってもいます。

本書が部活動の顧問や指導者、教育関係者ならびに子を持つ親など、周囲の大人が子どもたちをサポートし、成長を促すための一助となれば幸いです。

目次

はじめに　3

序章　部活動を取り巻く環境はまだまだ課題が多い……13

第1章　トレーニングの正解……23

運動能力

走力アップのためにはまず何から取り組むべき？　25
跳躍力をアップして競り合いに勝つためにはどうするべき？　33
体の柔軟性をアップするにはどんなストレッチが有効？　41
心肺機能向上のトレーニングにより向いている年代はどっち？　49

試合

目標としている試合が近づいてきた。
最後の仕上げに何をするべき？　53
試合に負けてしまった。次に勝つためにはどうすればいい？　57
試合に負けてしまった。まずは何をするべき？　65

筋力
効率よく筋力アップを目指すなら？ 69
筋トレでは筋肉痛が起こるまで追い込むべき？ 73
補強の筋トレはチームでやるべき？ 個人でやるべき？ 77
体の軸を安定させるのに欠かせない体幹トレーニング。では体幹トレーニングとはどこを鍛えるもの？ 81
状況対応
以前できていたプレーが上手くできなくなってしまった。正しい対処法は？ 89
雨が降ってきた。今日の練習はどうするべき？ 93
今日はグラウンドが使えないからガッツリとトレーニングをする日。どの順序が正しい？ 97

第2章 効率的な準備とケア …… 101

ケガ①
痛い！ 打撲かな？ 捻挫かな？ まずはどうする？ 103
ケガをして病院に行ったら全治1か月と診断された。どうする？ 109
練習
練習前の準備運動は何をすればいい？ 115
練習中の水分補給。どのくらいの頻度が理想的？ 123

練習後のストレッチ。どんなときにやれば良い？ 127
練習後に栄養補給はするべき？ 135

アイテム

部活用のシューズ選び、正しいのはどっち？ 139
中高生の部活動にサングラスは必要？ 143
寒い日のウェア選び。有効なのはどっち？ 147
屋内で行う部活動も熱中症対策は必要？ 151

ケガ②

ケガ明けの選手に対する正しい声のかけ方は？ 157
肘や膝のスポーツ障害を防ぐには？ 161
オーバートレーニング症候群は兆候がわかる？ 167
膝のケガからのリハビリ期間。
負担をかけずにできる運動はどっち？ 171
女性アスリートは月経とどう付き合うべき？ 175

第3章　日常生活のススメ

第3章　日常生活のススメ …… 183

睡眠

睡眠時間はどれくらいとればいい？ 185
明日は休日。たっぷり寝られそうだけどどうする？ 193

睡眠の質を高めるのに必要なことはどっち？　197
昼休みに眠くなってしまう。どうすれば良い？　201
栄養バランスってどうやって整えればいい？　205

食　事

筋肉を作るためのタンパク質。どれくらい必要？　215
お腹が空いた！　部活生におすすめのおやつ、間食は？　221
白米を食べれば食べるほど強い選手になれる？　225

生活習慣

練習で疲れてお風呂に入るのが面倒臭い！　229
脚がよくつってしまうのを防ぐためには？　233
子どものためになる親のサポートはどっち？　237
部活がしばらく休み。コンディション維持に何をする？　243
目標はどうやって決めたらいい？　249

おわりに　252

編集協力／神津文人
図版制作／読売新聞東京本社
本文ＤＴＰ／今井明子

子どもを壊す部活トレ

一流トレーナーが教える本当に効く練習方法

序章　部活動を取り巻く環境はまだまだ課題が多い

文部科学省が発表している「運動部活動での指導のガイドライン」には、運動部活動の学校教育における位置付け、意義、役割等について次のように書かれています。

①運動部活動は学校教育の一環として行われるもの

②運動部活動は、スポーツの技能等の向上のみならず、生徒の生きる力の育成、豊かな学校生活の実現に意義を有するものとなることが望まれる

③生徒の自主的、自発的な活動の場の充実に向けて、運動部活動、総合型地域スポーツクラブ等が地域の特色を生かして取り組むこと、また、必要に応じて連携することが望まれる

また、学校教育の一環として行われる運動部活動は、スポーツに興味と関心をもつ同好の生徒が、より高い水準の技能や記録に挑戦する中で、次のようなさまざまな意義や効果をもたらすものと考えられるとも書かれています。

- スポーツの楽しさや喜びを味わい、生涯にわたって豊かなスポーツライフを継続する資質や能力を育てる。
- 体力の向上や健康増進につながる。
- 保健体育科等の教育課程内の指導で身に付けたものを発展、充実させたり、活用させたりするとともに、運動部活動の成果を学校の教育全体で生かす機会となる。
- 自主性、協調性、責任感、連帯感などを育成する。
- 自己の力の確認、努力による達成感、充実感をもたらす。
- 互いに競い、励まし、協力する中で友情を深めるとともに、学級や学年を離れて仲間や指導者と密接に触れ合うことにより学級内とは異なる人間関係の形成につながる。

事実、部活動を通じて多くのことを学んだと感じている人は多いと思いますし、社会人になってからも部活仲間と交流があるという人もいるでしょう。

私は教育の専門家ではありませんが、部活動が子どもたちの大切な学びの場となっていることは想像できます。

当然、私がサポートしているアスリートの多くは部活動経験者ですし、フィジカル強化指導を担当している青山学院大学駅伝チームの部員も、中学・高校と部活動を通じて心身を鍛え、たくさんのことを学び、大学に入学してきています。

大切な学びの場である部活動の現場は、十分に安全で、効率良く競技力を向上できることが望ましいと思います。限られた時間の中で非効率なことをやっていると、達成感や充実感を得ることは難しいでしょうし、ケガばかりしていたら体力の向上や健康増進に繋がらないでしょう。きっと楽しくもないはずです。

子どもたちのために大人ができるのは、環境を整えサポートすること。しかし、現在の部活動、特に運動部の環境に問題がないとは言い切れないようです。

今回、本書を執筆するにあたり、部活動の顧問をしている先生や、部活動を経験しOBとして母校の練習に顔を出すことがあるアスリートに、話を聞きました。

とあるアスリートは中学時代、顧問の先生が陸上経験者から陸上未経験者の方に代わった際、キャプテンだった彼が練習メニューを組むようになったと言います。自分なりに練習メニューやウォーミングアップの方法を工夫し、チームを引っ張っていたようですが、中学生ですし、競技やトレーニングについての専門的な知識があるわけではありませんから不安があったようです。いろいろな情報を集め、自分たちで工夫しながら練習メニューを作るのは、素晴らしい経験だとは思いますが、ケガや事故のリスクを考慮するともう少し周囲のサポートがあるべきだっただろうと思います。

「当時はそんなことは思いつかなかったけれど、陸上が強く環境が整っている近隣の中学校や高校の練習に参加させてもらうとか、それらの部の顧問の先生にアドバイスを受ける機会があれば違ったかもしれない」とも彼は言っていました。

また、いわゆる強豪校で高校時代を過ごしたアスリートも、苦労したことがいくつかあると言います。

たとえば、練習中は学校名の入った公式ジャージか試合用のパンツしか着用が許されておらず、それ以外の短パンやハーフパンツなどは穿けなかったそうです。しかもそれぞれ1着ずつしかなかったため、夏でもジャージということがよくあったのだとか。規律の維持のために服装を制限することは多少必要かもしれませんが、さすがにこれはやり過ぎではないでしょうか。

そして、練習メニューはレベル分けされておらず、全員同じ。ついていけなければそれまでという環境だったそうです。練習中に足が痛いというと「どうしてケガをするんだ、ケガをするのはお前の管理不足だ」と怒られるため、ケガをしてもそれを監督やコーチに言いづらかったと振り返っていました。

たまたまケガをしなかった、たまたまハイレベルの練習についていくことができた選手は強くなったかもしれませんが、この手法が正しいとは思えません。

私が聞いた話は稀《まれ》な例なのかもしれませんが（そうであってほしいと思います）、指導をする側が改善すべき点は、まだまだあるのだと思います。

一方、顧問の先生たちの負担がかなり大きいのも事実です。ある野球部は、公式戦と練習試合を合わせて年間百数十試合こなしており、チームも大所帯であるため二手に分かれて遠征することも多いそう。野球は試合時間が長いので、1日に2試合やれば、移動と準備・片付けを合わせて一日仕事になります。平日の部活動は16～19時（これでも高校の野球部としては長い方ではないそうです）。部員数が多いため、バッティングゲージを使った打撃練習をするだけで、それなりの時間がかかってしまうのだそうです。

話を聞いた顧問の先生は、自身が長く野球をプレーされてきた方で、野球部の顧問をしたいという希望が以前からあったため、忙しさも含めて楽しまれているようでした。また、学校として野球部には力を入れているそうで、野球部の担当は複数人いて、週末には外部からトレーナーが来る体制になっているとのことでした。

とはいえ、普段の授業に加え、部活動にこれだけの時間を割くのは大変なことだと思います。実際〝好きな野球だから〟できている部分もあるようです。

その先生は以前、別の学校に勤めていたとき、陸上部の顧問だったことがありました。体育の教師なのである程度の指導はできるものの、専門分野というわけではなく、陸上競技には短距離もあれば長距離もあるし、跳躍競技も投擲《とうてき》競技もあります。さらに当時は教員としての経験も浅かったため、部活動とのバランスをとるのにも苦労したそうで、「学生たちの笑顔のおかげで、なんとかモチベーションが維持できていました」と話してくれました。

顧問として17年、非常勤時代を含めると20年以上バスケットボール部を指導してきたあるベテランの先生は、年齢を重ねるにつれ、時間配分に悩んだと言います。

教員生活が長くなれば校内での役職が増え、学校から求められることも多くなります。結婚をして家族ができれば、夫として、父親としての務めもあります。20代の頃は、平日の夕方以降の時間帯や週末が部活動で埋まっても、楽しんで割り切れていたものの、家族ができるとプライベートをどこまで犠牲にするべきか悩まれたそうです。

忙しさが増していく中で、「まだまだ頑張ることはできるけれど、どうしていくのが良いのかは悩みというか考えていかないとな、と思っています」と話してくれました。

話を聞いた野球部の顧問の先生も、バスケットボール部の顧問の先生もとても熱心な方でした。野球部では、食品メーカーの協力を得て、栄養指導に関する講習会を開き、学生だけでなく保護者にもその重要性を伝えているそうです。これはなかなか真似できることではないかもしれませんが、体調管理、体の発育にとって栄養は欠かせないものですから、素晴らしい取り組みだと思います。

またバスケットボール部では、メンタルトレーニングのコーチや、ディフェンス専門のコーチを外部から招聘《しょうへい》したこともあるそうです。これについては、費用をどう工面するかという課題があると思いますが、とても良い試みだと思います。

お二人ともその競技の経験者でありながら、自身の経験に凝り固まることなく、外部の力を借りながら、指導にあたっているようでした。

しかし、すべての先生が部活動にこれだけの力を注げるかと言えば、そんなことはないでしょうし、中には競技経験どころか、運動経験もほとんどないのに、運動部の顧問を任されてしまうこともあるようです。

日本スポーツ協会　指導者育成委員会による「学校運動部活動指導者の実態に関する調査報告書」によれば、担当教科が保健体育ではなく、かつ現在担当している運動部活動の競技経験がない教員が、中学校で26・9％、高等学校で25・3％となっており、さらにこれに該当する教員のうち中学校で35・9％、高等学校で31・5％が「自分自身の専門的指導力の不足」を課題として挙げています。

もちろん部活動の顧問をするのに、競技の経験が絶対に必要なわけではないと思いますが、その場合、周囲のサポートが必要でしょう。

サポートという意味では、外部指導者の導入や、学校長の監督下で部活動の指導・引率を行える「部活動指導員」の制度化が行われました。

再び「学校運動部活動指導者の実態に関する調査」のデータを引用すると、学校として部活動指導員・外部指導者に依頼をしたことがあるのは中学校で79・2％、高等学校で76・6％となっています。

なかなか多い数字と思ったかもしれませんが、現在担当している運動部活動に関わっている部活動指導員・外部指導員の有無という質問になると、中学校では「部活動指導員に依頼している」が8・7％、「外部指導者に依頼している」が30・0％、高等学校では前者が11・5％、後者が28・7％となっており、広く普及しているとは言えない状況となっています。

また、部活動指導員・外部指導者に依頼するにあたり課題になった（なると思われる）ことという質問については、中学校・高等学校ともに多くの先生が「顧問教員と連携した指導体制の構築」「生徒と良好な関係を構築すること」と回答しており、「平日に指導可能な方が少ない」「謝金の準備」なども悩みになっているようです。

話を聞いたアスリートや顧問の先生たちも、昔に比べたらトレーニングに関する情報を得やすくなったと口を揃えていました。現役のアスリートや元アスリート、それを支えるトレーナーたちが練習メニューやトレーニング内容を動画で発信していますし、SNSの発達で情報交換もしやすくなっています。

しかし、それでも情報を積極的に得よう、常にアップデートしようという意欲がなければ、それらを追いかけ続けるのは大変な作業です。

最低限、何を知っておけば良いのかがわからない。そんな指導者や保護者の方の参考に本書がなってくれたら幸いですし、専門知識を持った人との関係構築や、外部指導者導入の検討のきっかけになったら嬉しく思います。

何よりも、子どもたちが安全かつ楽しく部活動に打ち込めるよう、少しでも部活動を取り巻く環境が良くなることを願っています。

第1章 トレーニングの正解

誤ったトレーニングは体を壊す原因になる

ダイエットや肉体改造に挑戦したことがある方なら、すぐに想像できると思いますが、どんなにやる気があったとしても、方法が間違っているといつまで経っても成果は出ません。部活動のためのトレーニングも同じです。競技力向上のために補強のトレーニングを取り入れても、やり方が誤っていれば、パフォーマンスアップは見込めません。

それどころか、体への負担が大き過ぎたり、一部の関節や筋肉、骨に負荷がかかり過ぎたりして、コンディションの悪化やケガに繋がってしまいます。

パフォーマンスを高めるために取り組んだトレーニングで、体を壊してしまうほど残念なことはありません。

正しい知識を身につけて、効率良く効果的なトレーニングを行いましょう。トレーニングの継続によって、パフォーマンスアップを実感できたなら、それは必ず大きな自信となってくれるでしょう。

「走力アップのためにはまず何から取り組むべき？」

A 短い距離のダッシュ練習

B 前傾姿勢の練習

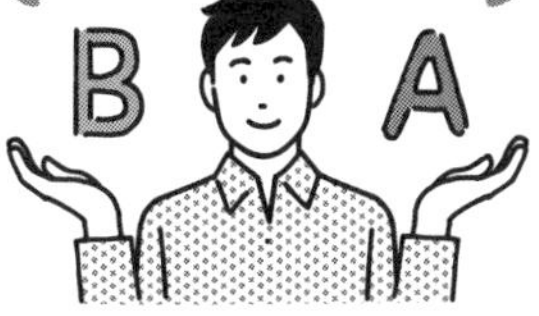

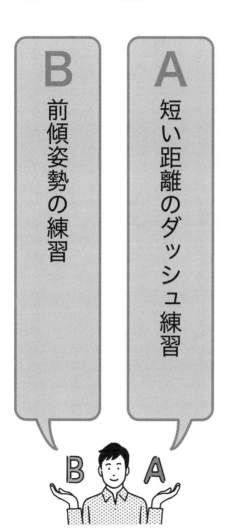

まずは体に正しいフォームを覚え込ませよう（正解はB）

陸上競技はもちろん、サッカーやバスケットボールなどの球技に取り組んでいると、「もっと速く走れるようになりたい」と思うことは多いでしょう。実際、部活動の中でもグラウンドやコートを速いスピードで走る練習があったりするのではないでしょうか。

足が速くなるためには、走り込む練習も、走るのに重要な役割を果たす筋力をアップするためのトレーニングも必要なのですが、まず取り組んでほしいのが前傾姿勢の練習。そう、速く走るための姿勢の確認です。

当たり前のようですが、**人間は自分が進む方向に体を傾けた方が断然進みやすくなります。**体が前に倒れる力を利用できるからです。テレビ中継などを見れば、100メートルや200メートルのような短距離選手だけでなく、マラソンのような長距離種目でも、トップ選手たちの姿勢が前傾しているのがわかるはずです。

しかし、運動が苦手な人や、足があまり速くない人は、走っているときに体が真っすぐ起きてしまっていたり、歩くときくらいの小さな傾きになっていたりすることが多いのです。

「前傾姿勢」で走るための2人組トレーニング

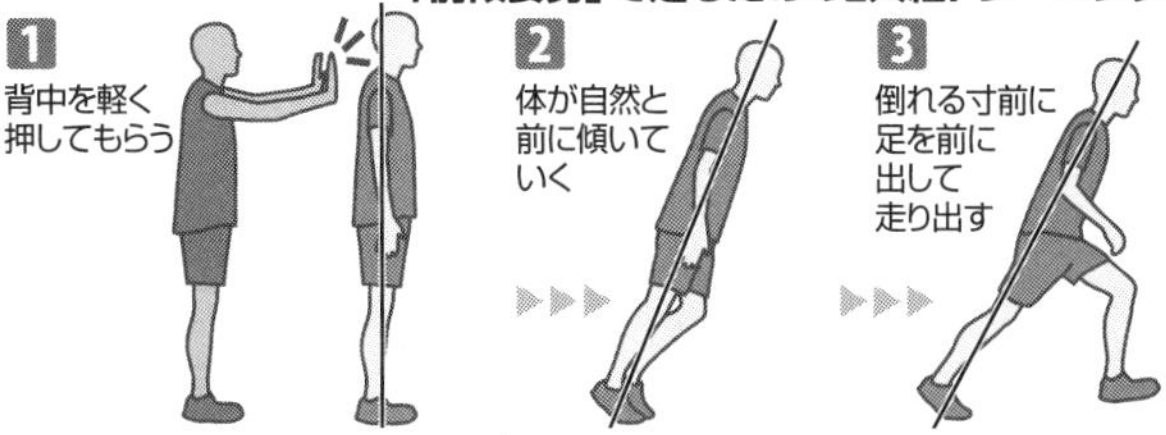
1
背中を軽く
押してもらう
2
体が自然と
前に傾いて
いく
3
倒れる寸前に
足を前に
出して
走り出す

これではスピードが出ませんし、悪いフォームで走り込みを繰り返すとそれがますます癖になってしまいます。

だから、まずは前傾姿勢をとる練習をして、**「前傾している方が足が前に出やすい」「前に進みやすい」という感覚を体に覚え込ませないといけない**のです。

前傾姿勢の練習としておすすめしたいのが「背中押しランニング」。やり方を説明しましょう。2人組になって前後に立ち、後ろの人が前の人の背中をゆっくりと押します。前の人は背すじを伸ばし体の軸を真っすぐに保ちながら、押されるのに合わせて少しずつ体を前方に傾かせます。倒れる寸前まで体が前傾すると、自然と足が前に出るので、そのまま走り出してみてください。

こうすると、自然と前傾姿勢をとることができ、いつもよりスピードが出るのを実感できると思います。**倒れ込んだときの体の角度のまま、走り出すのがポイント**です。後ろの人は、前の人がちゃんと前傾できているかを見ていてあげてくださいね。体幹部分の力が抜けて、体の軸がくの字に曲がってしまわないようにも気をつけましょう。
はじめのうちは、前に転んでしまいそうな感じがして、少し怖いかもしれませんが、すぐに手をつけるようにしておけば危ないことはありません。思い切って体重を前に乗せてみましょう。スタートして10メートルぐらい走るのを繰り返して前傾姿勢の感覚をつかんだら、少しずつ距離を延ばしてみてもいいでしょう。

前傾姿勢以外にも速く走るために欠かせない要素があります。それが、体を腰から持ち上げる感覚です。

オリンピックの決勝に出るような、短距離選手の走りを思い浮かべてみてください。「飛ぶように走る」などと表現されることがありますが、**速い選手は接地時間が短く、地面に足がついている時間よりも、空中に浮いている時間の方が長い**くらいです。

彼らは常に重心を高く保ち、着地の際の地面からの反発を上手く利用して、体を持ち上げながら前へ前へと運んでいます。

しかし、重心を高く保って体を持ち上げると言われても、実際にやるとなると体の動きをイメージしづらいですよね。やってみようとしても、体が反り返ってしまったり、もも上げ

エアランニングマン

1 椅子や机を両手でつかみ、両足を前後に開く。支える人は両手で腰をつかむ

2 ジャンプして前後の足を入れ替える。支える人は腰を持ち上げてサポート

3 10〜20回を目安に、2人の呼吸を合わせてリズミカルに跳ねるように繰り返す

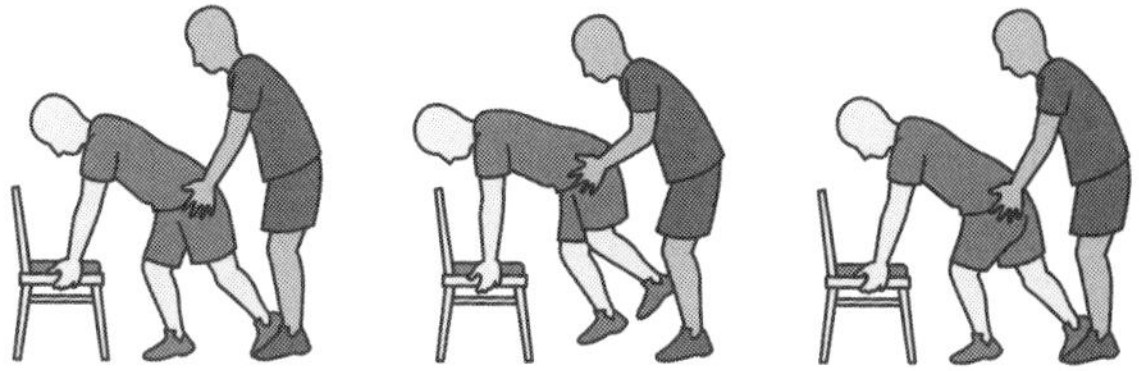

のように足だけがバタバタと動いてしまったり、上にピョンピョンと跳ねてしまって前に進まなかったりといったことになりがちです。

　腰から体を持ち上げて走る感覚を身につけるのにぴったりな練習が「エアランニングマン」です。２人組になり、前の人は椅子や机などを両手でつかんで前傾姿勢をとり、両足を前後に開きます。前の人はその場でジャンプをして前後の足を入れ替えるのですが、このとき後ろで支える人が前の人の腰を軽く持ち上げてサポートしてください。１人で行う方法もあります（２４６頁参照）。

　やっている動きはシンプルで難しいものではないので、１人でもできそうに感じると思いますが、後ろから補助することで、腰からスッと体が持ち上がる感覚をつかむのが「エアランニングマン」の目的です。10〜20回リズミカルに繰り返したら、役割を交代しましょう。

このトレーニングは、アキレス腱《けん》に負担がかかります。ジョギングなどで十分にウォーミングアップをした後で、取り組むようにしてください。

前傾姿勢と、体を腰から持ち上げる感覚が身につくと、走るスピードが上がるはずです。あとは常にその感覚で走れるように練習を繰り返していきましょう。

スピードを出すためのフォームが身についても、そのスピードを長い距離で維持し、**試合の後半でも発揮できるようになるためには、心肺機能をトレーニングしなければいけません。**

心肺機能とは、ずばり心臓と肺の機能のこと。体を動かすためにはエネルギーが必要で、糖や脂肪からエネルギーを作り出すためには酸素が欠かせません。そして酸素が消費されると、二酸化炭素が発生します。スポーツ時に体を動かし続けるためには、たくさんの酸素を肺から取り込んで、心臓のポンプ作用によって血液を通して筋肉へ酸素を届けてエネルギーを生み、二酸化炭素を体外へ排出する必要があります。

心臓と肺の機能が高くなければ、効率よくエネルギーを生み出すことができず、少し運動しただけで、ハーハーゼーゼーと呼吸が荒くなり、バテて体が動かなくなってしまうというわけです。

インターバルトレーニング

●「全力」→「ゆっくり」で1セット
●ギリギリ4セットできるくらいのスピードでやろう

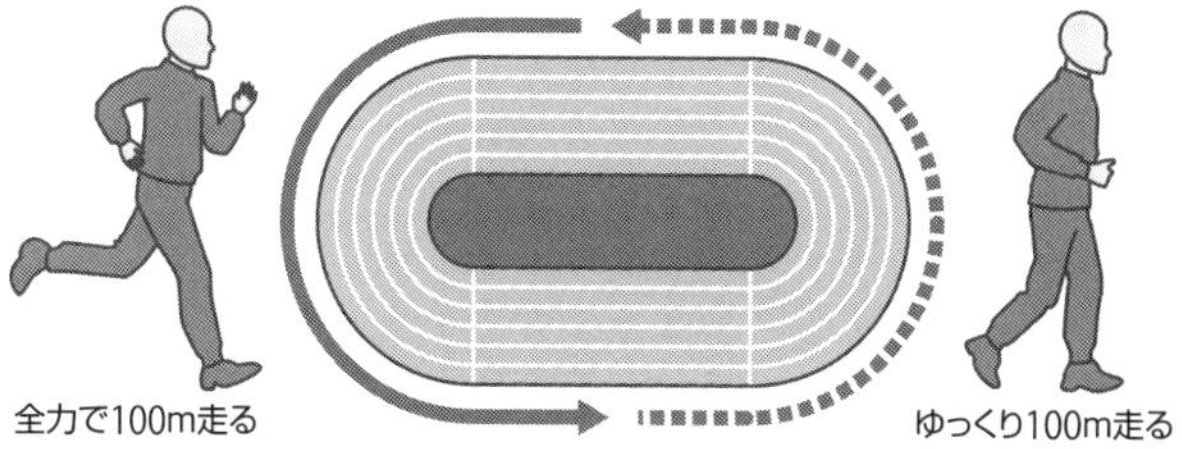
全力で100m走る
ゆっくり100m走る

たとえば、同じ運動をしたとき（正確には体の大きさなども関係しますが）心肺機能の高い選手と低い選手を比べると、前者の方が心拍数が低くなる傾向があります。心臓の１回の動きで、血液を送れる量が多いからです。

また、１分間に体重１キログラムあたりに取り込むことができる酸素の量は、最大酸素摂取量（ＶＯ２ｍａｘ）と言われ、心肺機能の高さの目安になっています。

心肺機能を鍛えることを考えると、ジョギングのように一定の速さで走り続ける練習は、あまり効果的ではありません。**心肺機能の向上に適しているのは、走るペースを上げたり下げたりするインターバルトレーニングと呼ばれる方法**です。

やり方は簡単です。たとえば、トラックに１００メートルごとにマーカーを置き、マーカーを目印に１００メートルを全力で走ったら、そこで立ち止まらずに、次のマーカーまでゆっくりと走ります。この全力とゆっくりのセットを４回繰り返してみましょう。一定のペースで８００メートルを走るよりもかなりきついはずです。

この練習に慣れて、心肺機能が上がってくると「よし、次は10セットやってみよう」などと、回数を増やしたくなりがちです。しかし、この**トレーニングのポイントは、長く走ることではなく、速く走ること**。５セット目以降は走れなくなるぐらい、全力で行うことを目標にしてください。

練習の強度を上げたい場合は、自分より速い人に協力してもらい、その人の背中について走ったり、競《せ》り合ったりなどして全力疾走のスピードを上げてみましょう。タイムを計測してみるのも効果的だと思います。

インターバルトレーニングは、トップアスリートも取り組むほどハードな練習です。しっかりとウォーミングアップをしてから行いましょう。学校の施設にトラックがなかったり、使えなかったりする場合は、トラックにこだわる必要はありません。グラウンドの端から端までを全力で走り、折り返して帰りはゆっくりと走るといった方法でももちろん大丈夫です。

前傾姿勢の練習、エアランニングマン、インターバルトレーニングを組み合わせて、走力アップを実現しましょう！

「跳躍力をアップして競り合いに勝つためにはどうするべき？」

A ジャンプが得意な友達を観察

B 部活の後に、ひたすら全力ジャンプの自主練習

観察して真似することが跳躍力アップの近道（正解はA）

バスケットボールのリバウンド、サッカーのヘディング、バレーボールのアタックやブロックなど、スポーツでは跳躍力が必要になる場面が多々あります。選手をしていれば「誰よりも高く跳んで相手より先にボールに触りたい」「跳躍力があれば相手に勝つことができたのに」と思うことがあるでしょう。

跳躍力を身につけたいから、全力ジャンプをひたすらたくさん繰り返す練習をする。この気持ちはわからないわけではありませんが、効果的なものとは言えません。ジャンプは負荷が高い運動です。闇雲《やみくも》に繰り返せば、跳躍力がつくどころか、ケガに繋がってしまいます。特に体が成長途中にある部活世代で、普段の練習に加えて、ジャンプ動作を繰り返すトレーニングをプラスするのはあまり推奨できません。

実は、**良いジャンプができるかどうかは、跳ぶ前に決まっています**。キーワードは**パワーポジション**。カタカナだとわかりにくいかもしれませんが、最も力を発揮しやすい姿勢のことです。

ジャンプに限らず、**どんな動作にもパワーポジションは存在します**。もし、あなたが椅子に座ってこの本を読んでいたならば、床から片足を離して前方に脚を伸ばし、そのまま立ち上がろうとしてみてください。きっと上手く力が入らず、立ち上がるのが難しいはずです。これは、体が椅子から立ち上がるためのパワーポジションをとれていないのが原因です。

高くジャンプするには、**跳ぶ前の膝を曲げて力をためる姿勢がカギ**になります。ジャンプが苦手な子を見ていると、両足を地面についたときの幅が狭かったり、膝がほとんど曲がっていなかったりと、パワーポジションがしっかりととれていないことがほとんどです。どんなに脚力や体幹をトレーニングで鍛えたとしても、パワーポジションがとれなければ、高く跳ぶことはできません。

しかし、両足の幅は何センチで、膝の角度は何度にするといった具体

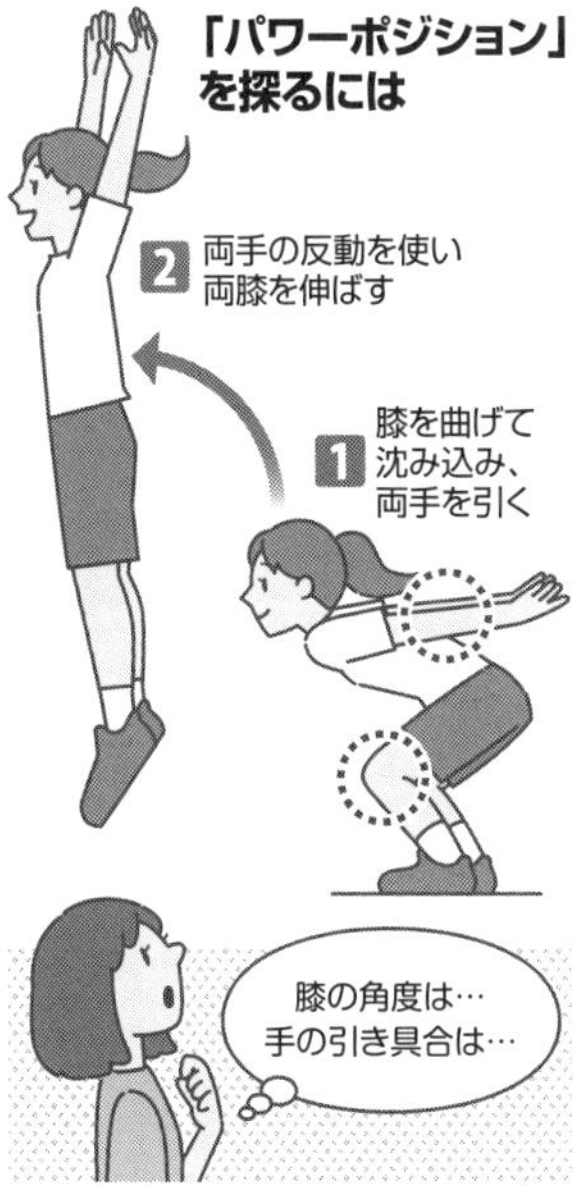
「パワーポジション」を探るには
2 両手の反動を使い両膝を伸ばす
1 膝を曲げて沈み込み、両手を引く
膝の角度は…手の引き具合は…

的な数字があるわけではありません。前に跳ぶのか、横に跳ぶのかでも違いますし、競技によって求められる動作も異なります。

まずはジャンプが得意なアスリートや部活の仲間を観察して、動きを真似してみましょう。足幅や膝の角度だけでなく、腕の使い方や、頭の位置など、さまざまな発見があるはずです。**観察と真似を繰り返し、自分の骨格や体型に合ったパワーポジションを見つけ出し、それを体に覚えさせましょう。**

バスケットボールでリバウンドをとれなかった。サッカーでヘディングの競り合いに負けてしまった。バレーボールで相手のアタックをブロックできなかった。これらは、パワーポジションを体に覚え込ませて、跳躍力がアップすれば解決するかと言えば、そんなことはありません。ジャンプをしようとパワーポジションをとったときには、すでに好機を逃していたというのはよくあることです。どんなに跳躍力があっても、それが正しいタイミングで発揮できなければ意味がありません。

相手に競り勝つ、今まで届かなかったボールに追いつくといったことを実現するためには、**ジャンプをするまでの反応の速さが大切になります。**

「切れ目なく打つ」がポイント
できる限り「すばやく」
数をこなして体に動きを「記憶」させよう

反応の速さは、ゲーム形式の練習や試合をこなすことで鍛えていくこともできますが、おすすめの練習方法があります。それは、普段よりもボールを増やして行う多球練習です。多球練習でよく知られているのは卓球でしょう。ボールをたくさん用意して、野球のノックのように次々と投入されるボールに飛びつき、どんどん打ち返す練習はすっかりと定着していますし、テレビなどで卓球選手が多球練習に取り組んでいる映像を見たことがあるという人もいるのではないでしょうか。

多球練習は、ボール1つの練習と比べ、一定時間内でたくさんのボールの動きを追い、触ることができます。反応を良くすることは要するに、ボールの動きやプレーの流れを覚え、体に記憶させること。

バスケットボールのリバウンド練習や、バレーボールのブロックの練習でも、多球練習を採用すると、ボールに対する反応、必要な位置取り、適切なジャンプのタイミングなどを身につけることができるでしょう。

ジャンプが必要なシーンでの正しい準備ができるようになれば、身につけたパワーポジションを活かして、相手選手とのボールの奪い合い、競り合いに勝てるようになっていくはずです。


最後に、跳躍力をアップするための筋力トレーニングについても触れておきます。高いジャンプに最も必要になるのは脚の力。しかし、脚力を鍛えようと大雑把《おおざっぱ》に考えるのはよくありません。**〝静の脚力〟と〝動の脚力〟に分けて考え、この両方をバランスよく鍛えること**が大切です。

静の脚力とは、脚の筋力のこと。筋肉を大きくすることで高めることができます。おすすめのトレーニング方法は「スプリットスクワット」です。バーベルを体の後ろに担ぐ点は、普通のバーベルスクワットと同じですが、スプリットスクワットは、脚を左右ではなく、前後に広げてスクワットを行います。

前後で脚にかかる荷重が変わるため、同じ重さで行った場合、普通のスクワットよりもっ

「動の脚力」を鍛える
ケトルベルトレーニング
最初は8kgのケトルベルがおすすめ!
反動を使って胸元まで振り上げよう!

らく感じると思います。まずは、普通のバーベルスクワットに取り組み、慣れてきたらスプリットスクワットに挑戦しましょう。

一方、**動の脚力は、脚の筋力×速さのこと**。スピードを出せるようにしなければ、爆発的な力を生み出すことはできません。動の脚力をつけるために必要なのは、反動を使った筋トレです。一般的な筋トレでは、悪者扱いされることもある反動ですが、筋肉を連動させて動かす練習にはもってこいです。

勢いをつけてその場でジャンプをする練習も効果的なのですが、より重点的に筋肉の連動を強化したいならケトルベルを使ってみましょう。

ケトルベルとは、持ち手のついたヤカン形のダンベルのこと。両腕をピンと伸ばしてケトルベルを持ち、膝を曲げて腰を落とします。そして、膝を伸ばして立ち上がるのに合わせて、股の間から胸の高さまでケトルベルを振り上げます。このスイングする動きによって、ジャンプの動作に必要な筋肉の連携と、筋力を鍛えることができます。

パワーポジションを覚え、反応と脚力を鍛えて、それぞれの競技に必要な跳躍力を身につけましょう。

「体の柔軟性をアップするにはどんなストレッチが有効？」

A 反動を上手く使って刺激を入れながらストレッチ

B 反動を使わずゆっくり静かに伸ばし続ける

反動を使って伸ばそうとすると筋肉は縮んで硬くなります（正解はB）

「柔軟性が低いとケガをしやすい。だからストレッチをしよう」。スポーツに取り組んできている人なら、一度はそう言われたことがあるでしょう。

スポーツ選手にとって、筋力と同じように柔軟性はとても大切な要素ですが、**柔軟性が低いからといって必ずしもケガをしやすくなるわけではありません**。ポイントは、**柔軟性と筋肉量のバランス**。柔軟性を高めることなく筋肉だけを増やしてしまうと、ケガをしやすくなる場合もあるのです。

実際に膝や肘を曲げたり伸ばしたりしてみて、筋肉の動きを確認してみましょう。膝を曲げるとき、ハムストリングスという太ももの後ろ側の筋肉が縮み、太ももの前側にある大腿《だいたい》四頭筋《しとうきん》という筋肉が伸びます。膝を伸ばすときはこれが反対になり、大腿四頭筋が縮んで、ハムストリングスが伸びます。

今度は肘の曲げ伸ばしをしてみましょう。肘を曲げると、上腕二頭筋《じょうわんにとうきん》という筋肉が縮んで、いわゆる力こぶができます。このとき、腕の裏側にある上腕三頭筋という筋肉は伸びて

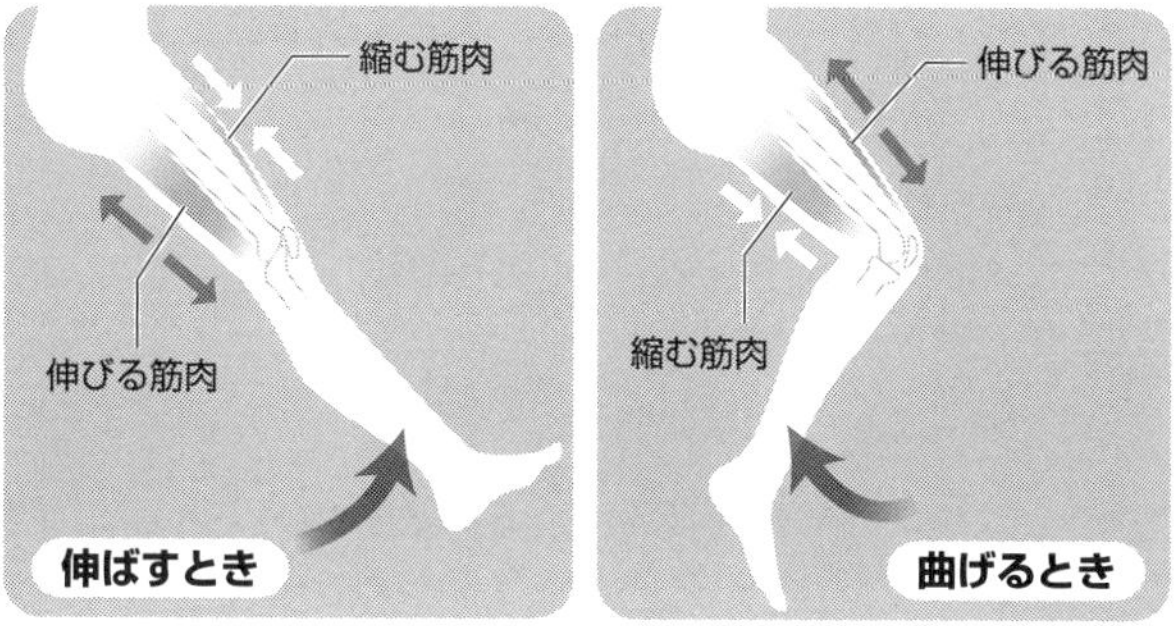
縮む筋肉
伸びる筋肉
伸ばすとき
伸びる筋肉
縮む筋肉
曲げるとき

います。肘を伸ばすときは、膝のときと同様、筋肉の伸び縮みが反対になります。

このように、人間の体は前と後ろ、内と外の筋肉が対応しているのですが、このとき片方の筋肉の力が強いのに、もう一方の筋肉の柔軟性が低いとどうなるでしょうか。引っ張る力の強さに耐えられず、筋肉が切れてしまうのです。

筋力と柔軟性のバランスの悪さから起こる最も有名なケガの例は、太ももの後ろ側、ハムストリングスの肉離れでしょう。脚力をつけようと、太ももの前側の大腿四頭筋をたくさん鍛えているのに、ハムストリングスの柔軟性が不足していると、肉離れを起こしてしまうのです。太ももの筋力が強いためハムストリングスの肉離れを起こす陸上の短距離選手はたくさんいます。**筋トレをよくする人ほど、しっかりストレッチにも取り組むべき**なのです。

柔軟性の大切さを確認できたところで、柔軟性アップに効果的なストレッチのやり方について説明していきましょう。

体が柔らかい、硬いという表現をしますが、柔軟性の高い人の筋肉がゴムのように伸びて、硬い人のものは石のように固まっているというわけではありません。**体の柔軟性を決めているのは筋肉の長さ**で、柔軟性のある人ほど筋肉は長く、柔軟性のない人の筋肉は短いのです。というわけで、柔軟性を上げるためには、筋肉を長くする必要があるということになります。

しかし、この長くするというのも、少々語弊《ごへい》がある表現だったりもします。筋肉の両端は骨についていますから、筋肉自体が短くなることはなく、長さが変わるのは筋原線維《きんげんせんい》というものです。少しややこしいかもしれませんが、ストレッチで筋肉を長くするとは、どういうことなのかをもう少し詳しく説明していきましょう。

筋肉は筋線維という線維状の細長い細胞が束になったものです。そして筋線維には、筋原線維が詰まっています。この筋原線維は、サルコメア（筋節）と呼ばれる小さな輪のような形をしたものが、鎖のように繋がってできています。ストレッチを定期的かつ継続的に行うとサルコメアの数が増え、増えた分だけ筋原線維が長くなり、柔軟性が高まるのです。反対にストレッチが不足していたり、日常的に筋肉を使っていなかったりすると、サルコメアが

柔軟性が上がる仕組み

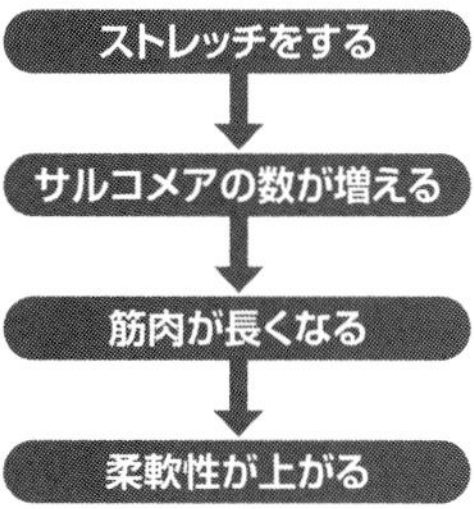
ストレッチをする
サルコメアの数が増える
筋肉が長くなる
柔軟性が上がる

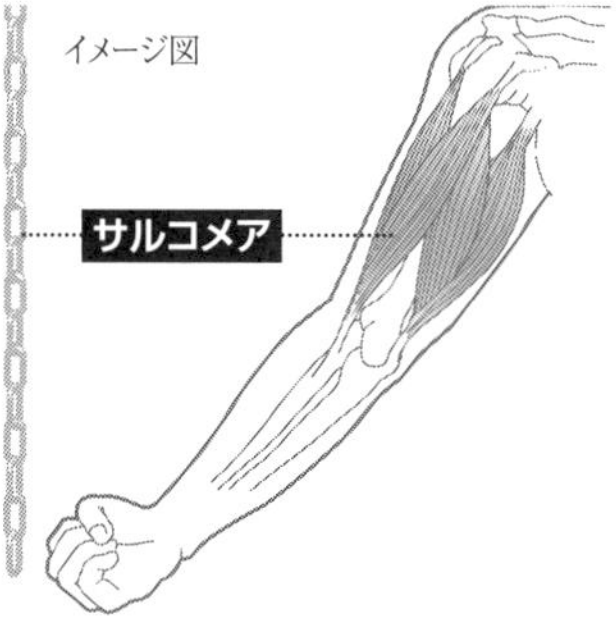
イメージ図
サルコメア

減って筋原線維が短くなり、柔軟性は低下します。つまり、**ストレッチをして柔軟性を高めるというのは、サルコメアの数を増やすということ**なのです。

柔軟性をアップしたいとストレッチを始める人に多い間違いが、反動を使ってグイグイ伸ばそうとすることと、強く痛みを感じるところまで無理矢理伸ばしてしまうことです。限界を超えたところまで伸ばした方が、早く効果が出るのではないかと考えがちですが、実は逆効果です。

筋線維には、筋紡錘《きんぼうすい》というセンサーがついています。筋肉が震えるまで強く伸ばしたり、急速に伸ばそうとしたりすると、筋紡錘が危険を察知し、縮めという指令を出して体を守ろうとします。「指令が出ている状態」＝「ロックがかかっている状態」で、いくらストレッチをしても効果はありません。

サルコメアを増やすためのストレッチとして最も適切なのは、**ちょっと痛いけど気持ちいい、いわゆる〝痛気持ちいい〟と感じるポイントまで伸ばす**ことです。単に気持ちいいと感じるレベルだと伸ばし方が足りません。脳に「サルコメアを増やして筋原線維を長くする必要がある」と感じさせなければいけないからです。

筋紡錘によるロックがかかっていない、**痛気持ちいいと感じるところまでゆっくりと伸ばし、呼吸をしながら30秒ほどキープするのが、ストレッチの基本**になります。筋肉の両端は腱となって骨に付着していますが、この腱には腱紡錘というセンサーが備わっています。筋肉を15秒以上伸ばし続けると、腱紡錘にスイッチが入り「もっと緩めなさい」という指令を出します。伸ばし続ける力に抵抗していると、筋肉が損傷する可能性があるからです。

15秒以上ストレッチをしていると、ふっと抵抗が緩んで、もう少し伸ばせる感覚が得られます。それが腱紡錘にスイッチが入って筋肉が緩んだ証拠。その手前で止めてしまうのはもったいないので、30秒ほどキープしてほしいのです。

ストレッチは1部位に対して1回30秒でも十分に効果は得られますが、**2～3回繰り返すと、より効果が高まります**。回数を重ねると、筋肉を包んでいる筋膜の抵抗性が下がり、筋肉がよく伸びるようになるからです。また、筋肉は温かい方が伸びやすいという性質があるので、トレーニング後や入浴後のように、**体が温まっているときに行うと効果的**です。

ストレッチの頻度ですが、柔軟性を高めようと思ったら毎日取り組むべきでしょう。1週間に1回程度の頻度では、脳は「すぐにサルコメアを増やして筋原線維を長くする必要がある」とは感じてくれません。**毎日ストレッチをして、脳に「サルコメアを増やしてほしい」と訴え続けましょう。**

柔軟性は高ければ高いほど良いかというと、そういうわけではありません。過剰な柔軟性にはリスクがあります。体操選手やバレリーナには、美しい演技を実現するために、ものすごい柔軟性の高さが要求されますが、野球選手や陸上選手などにあれほどの柔軟性が必要かと言われたら、答えは「ノー」になります。

筋肉にはそれぞれ必要な柔軟性があり、関節が動ける範囲である可動域も決まっています。適切な可動域以上の柔軟性を得ようとすると、関節が不安定になります。関節が不安定になると靭帯《じんたい》の負担が増えてダメージを受ける可能性が高くなりますし、瞬間的なパワーが出しづらくなります。筋肉と関節が硬過ぎるのは問題ですが、柔らか過ぎるのも問題なのです。

一時期、両脚を180度開く開脚へのチャレンジがブームのようになったことがあります。しかし、**両脚は股関節の構造上、前後には約140度、左右には約90度まで開くのが標準。**

ハムストリングスの柔軟性チェック

股関節の角度が90度以下になるところまで余裕で引き寄せることができてしまう

股関節が90度のところまで引き寄せることができる

股関節の角度が90度のところまで引き寄せられない

それ以上は過度な柔軟性ということになります。

試しに、肉離れを起こしやすい部位である、太ももの裏側のハムストリングスの柔軟性をチェックしてみましょう。床に仰向けになり、片方の脚は膝を90度程度に曲げて床につきます。反対側の脚を両手で持って、なるべく伸ばしたまま胸の方に引き寄せてみましょう。これで柔軟性不足かどうかがわかります。

股関節の角度が90度のところまで引き寄せられなかったら柔軟性不足。90度程度まで引き寄せることができたら適度な柔軟性。膝が胸に近づく角度まで余裕で引き寄せることができてしまう場合は、柔らか過ぎると言えるでしょう。

柔軟性が足りない人はストレッチを日課に。逆に柔らか過ぎた人は、少し筋トレを追加してバランスをとった方が良いでしょう。

「心肺機能向上のトレーニングにより向いている年代はどっち？」

A 体がある程度できあがった高校生年代

B 成長期真っ盛りの中学生年代

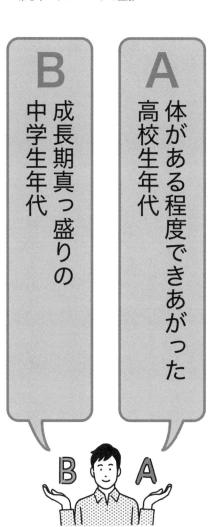

呼吸・循環器系が大きく発達するのは12〜14歳（正解はB）

人間は生まれてから成人するまでの間に、骨や臓器、神経などさまざまなものが成長していきます。そして、何がどの程度成長するかというのは、年代によって異なります。

一般型（臓器、筋肉、骨格など）、神経型（脳、脊髄《せきずい》、感覚器など）、生殖型（生殖器、乳房、咽頭《いんとう》など）、リンパ系型（胸腺などのリンパ組織）の4つに分けて、20歳時の発育を100％とした場合の成長による変化率を見ると、**神経型は12歳までにほぼ100％に達する**のに対し、**一般型や生殖型は12歳以降に大きく成長**します。

神経型がほぼ完成に近づき、神経組織間のネットワークが多様になる**9〜12歳の年代はゴールデンエイジ**と呼ばれ、スポーツにおいての複雑な技術をスムーズに習得できる貴重な時期とされています。何か競技に取り組んでいるのであれば、複雑な動作を習得するために時間を割くべき時期だということです。

その一方で一般型は、ゴールデンエイジの時期に50％程度しか発育していません。それゆえ高強度（長時間および高負荷）のトレーニングには適していないのです。なので、過度な

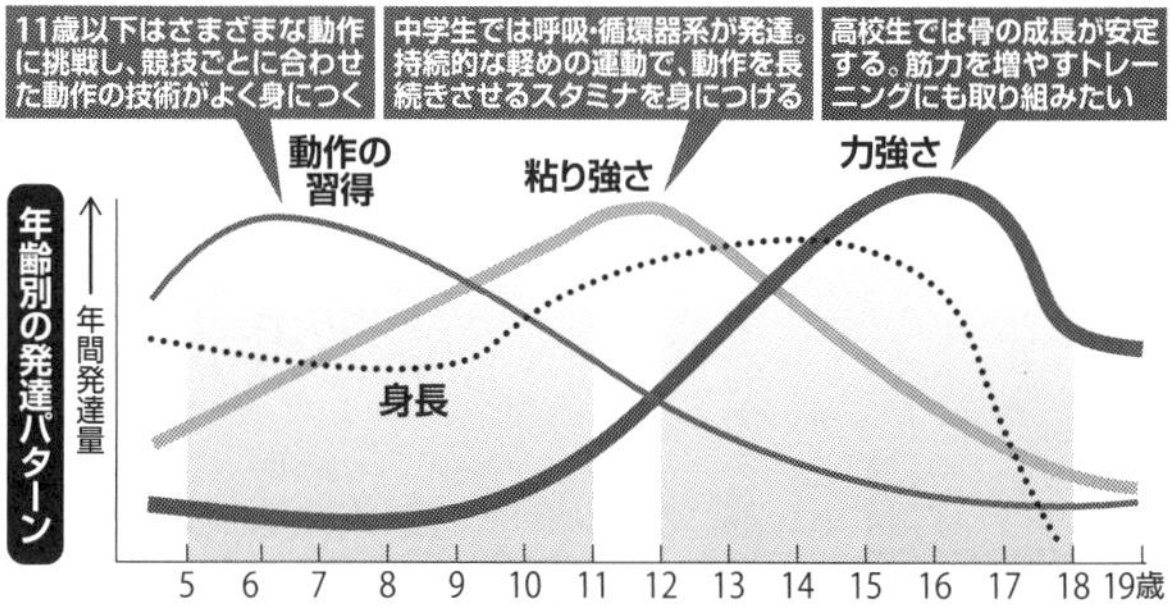
11歳以下はさまざまな動作に挑戦し、競技ごとに合わせた動作の技術がよく身につく
中学生では呼吸・循環器系が発達。持続的な軽めの運動で、動作を長続きさせるスタミナを身につける
高校生では骨の成長が安定する。筋力を増やすトレーニングにも取り組みたい
動作の習得
粘り強さ
力強さ
身長
年齢別の発達パターン
年間発達量
5 6 7 8 9 10 11 12 13 14 15 16 17 18 19歳

（宮下充正ほか『子どものスポーツ医学』から引用）

走り込みや筋トレは避けるべきでしょう。

運動能力にはさまざまな要素があり、それらを身につけるのに最も適している年代、大きく伸びる年代があります。小学生の年代であれば走る、跳ぶ、投げるといった動作の習得に適しています。

さまざまな種類の運動を幅広く行うと、それぞれの動作をどのようにして行えば良いのかを考え、神経が脳の情報を体に伝えます。そして、脳・神経・筋肉の連携が上手く取れるようになり、その動きがパターン化されて正確に行えるようになります。これが、スポーツでいう練習ということになります。この**脳・神経・筋肉の連携の向上によるパフォーマンスアップが、小学生の年代は非常に優れている**のです。子どもの方が、大人に比べて短期間で泳げるようになったり、自転車に乗れるようになったりするのは、そのためです。

卓球の選手だった福原愛さんは幼い頃、年上の選手を次々と破り、話題になりましたが、卓球はほかの球技ほど筋力を必要としないことや、神経系は子どもと大人でほぼ差がないことが好成績の理由の一つだったと考えられています。

中学生の年代は、呼吸・循環器系が発達する時期で、心肺機能を向上させるのにとても適しています。中学生の体育の授業で持久走があるのは、とても理にかなっているのです。この時期にしっかりと心肺機能を向上させておくと、良い状態で上の年代に上がれ、レベルの高い選手になる可能性が高くなります。トレーニングの中に長距離のランニングや水泳など、持久力アップに繋がるメニューを取り入れるといいでしょう。

高校生の年代になると、ようやく骨の成長が安定してきて、筋力が発達していきます。もし、**パワーや瞬発力を高めるための筋トレを本格的に始めるのであれば、高校生以上になってからが良い**ということになります。

もちろん体の成長には個人差がありますが、成長段階に合わせたトレーニングが重要だということです。

「目標としている試合が近づいてきた。最後の仕上げに何をするべき？」

A
疲労を抜いて心身ともにリフレッシュ

B
練習強度を上げてラストスパート

疲労を十分に抜いてから試合に挑みましょう（正解はA）

試合が近づいてくると、準備はしっかりできているか、練習は足りていたか、対戦相手への対策は万全か、コンディションは整っているかなどさまざまなことが気になるもの。しかし、最後の1週間で慌ててあれこれ詰め込もうとしても限界があります。テスト前の一夜漬けのように、試合直前に追い込むとやった気にはなれるかもしれませんが、ケガのリスクが高まりますし、疲労を抱えたまま試合に臨むことになるので、避けるべきでしょう。**ギリギリまで強度の高い練習をしたからといって勝てるわけではない**のです。

トップアスリートたちは、目標とする試合にコンディションのピークを持ってくるために、徐々にトレーニングの負荷を下げて疲労を抜く、**テーパリング**というものを導入しています。疲労というのはそれだけパフォーマンスに影響するということです。

テーパリング期間をどの程度設けるのか、その期間の練習内容をどうするのかは競技によって異なります。試行錯誤を繰り返し、適切なやり方を見つけていく必要があるのですが、大まかな目安はあります。

たとえば継続していた**筋トレを4週間休むと、筋力が低下し始める**とされています。試合の1か月前に筋トレをゼロにしてしまうと、筋力が落ち始めた状態で本番を迎えるということです。**心肺機能については、だいたい2週間で落ちてくる**と言われています。持久力を向上するためのトレーニングを試合の2週間以上前にやめてしまうのは、効果的ではないということですね。また、目標としている試合がトーナメント戦の場合や、試合が何週にもわたって続くようならば、それに合わせた対策も必要になります。

とはいえ、筋力や心肺機能などのフィットネスレベルを高めていくには、**ある程度追い込む期間も必要**です。年中テーパリングというわけにもいきませんから、自分たちの目標とする大会を定め、そこへ向けて1年間をどのように過ごすのかという**年間のスケジュールを立てる**ことが大切です。

たとえば私がフィジカル強化の指導を担当している青山学院大学の駅伝チームも年間のスケジュールが決まっています。

4～7月頃は5000メートルの記録向上を狙うトラックレース期、7～10月が走り込みの時期、そして出雲駅伝前から箱根駅伝が終わるまでが駅伝期。1月はリフレッシュもしながらハーフマラソン、場合によってはマラソンへの準備、2～3月にハーフマラソンやマラソンにチャレンジしたのち、再びトラックへ移行していきます。

夏合宿を含む7～9月は走行距離が相当なものになるので、強度の高いウエイトトレーニングにじっくりと取り組むことは難しくなります。体を作っていくためのウエイトトレーニングをやり込むのは2～6月がメインになり、駅伝シーズンに入ってからはコンディション維持のサポートが主な仕事になります。

年間のスケジュールを立て、それを監督と選手が共有し、意味を理解したうえで練習に取り組む。当たり前のことではありますが、これをやるかやらないかで大きな差が生まれます。

「試合に負けてしまった。
次に勝つためにはどうすればいい？」

A
練習内容を見直す

B
朝練を追加するなどして
練習量を増やす

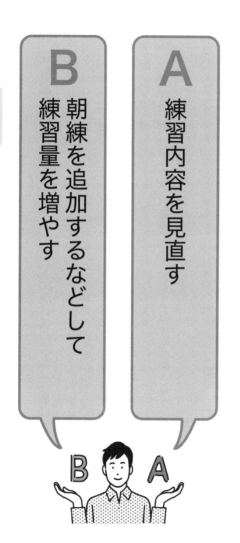

練習量を増やせば強くなるわけではありません（正解はA）

試合で負ける、トーナメントなどで目標としていたところまで勝ち残れなかったというのはとても悔しい経験です。多くの選手、チームは、次こそは勝ちたい、次こそは目標を達成したいと思うもの。そして次に向けて、原因と対策を考えたとき、知識がないと「練習量が足りなかったから増やそう」という答えになりがちです。

勝つために思いついた戦略が「朝練を導入しよう」「休みを減らそう」「1回の練習時間を長くしよう」といったものだったら注意が必要です。何かを変えたい、何とかしたいという気持ちはわかりますが、単純に練習時間を増やせば強くなるのかというと、決してそんなことはありません。

強化ポイントの見直し、戦術の練り直し、対戦相手の分析、試合前の準備の仕方、練習の質の向上など、取り組めることはたくさんあります。練習時間を増やせば疲労が溜まりケガのリスクが高まりますし、練習中の集中力が低下することも考えられます。学生の本業は勉学ですから、練習があるから勉強ができないなんてことになったら本末転倒です。いわゆる

根性論的な方法ではなく、より効果的なものを効率良く行うことを目指すという姿勢が大切です。

たとえば青山学院大学は、2022年1月に箱根駅伝の王座を、大会記録を更新して奪還しました。では、前年度と比べて選手たちの休日が減ったのかといえば、そんなことはありません。オリンピックを目指すレベルのトップアスリートでも休みは必要です。十分な休養がなければ、コンディションは低下し、結果として練習の質を下げてしまいます。練習時間を増やせば、顧問の先生の負担も大きくなってしまいます。**勝つために優先するべきことは、練習時間を増やすことではなく、練習内容の見直し**なのです。

練習内容をどうすればいいのかというのは、競技によって違いますし、私は競技指導の専門家ではないので、具体的なことはいえないのですが、ヒントになりそうな話をいくつかお伝えできたらと思います。

近年のスポーツはあらゆるものがデータ化され、高度な分析をすることが当たり前になりました。2012年のロンドン五輪と、2016年のリオ五輪との大きな違いは、ロンドンのときにいなかったアナリストが、リオのときには多くの国にいたこと。日本チームもデータを解析するためのアナリストを帯同し、選手村とは別に作られたジャパンハウスと呼ばれる拠点には、パソコンがずらりと並んだアナリスト用の部屋が設けられていました。

選手たちがタブレットを持ってその部屋を訪れ、対戦相手を伝えると、その選手を分析したデータがもらえるようになっていました。チームスポーツであれば、1回戦、2回戦と試合が終わるたびに、次の対戦チームのデータが監督に届けられていました。**勝つために相手を分析することがとても重要**だというのがわかるでしょう。

対戦相手、ライバルチームの分析は練習時間を増やさなくてもできることの一つです。プロのアナリストのような分析や、あらゆるプレーのデータ化をすることはできないとは思いますが、相手の強みや弱みを発見するのはそれほど難しいことではないはずです。そのうえで、試合の戦術を練るなど、対策用の練習を行えば、勝つ確率を上げることができるでしょう。


トップアスリートたちの良いプレーの動画を観ることも、競技レベルの向上に繋がります。指導者は学生たちに対してスポーツに関する動きを理屈で説明しがちです。大人に対する運動指導は理屈で説明しないと効果が上がらない面があるのは事実ですが、子どもは違います。

子どもは動きを真似して習得していくのが得意です。野球選手の投球フォームやバッティングフォーム、サッカー選手やバスケットボール選手のドリブルやフェイント、テニス選手のサーブなどをよく真似していますし、そこから自然に動作を習得しています。

高校生はともかく、中学生や小学生に「肘をこのタイミングで曲げて、膝はこの方向に向けて、そしてこの筋肉に力を入れながら……」などと説明しても、それを正しく認識して実際の動きに結びつけるのは難しいことがあります。

一方、**良いプレーを観たときにそれを自分のプレーに活かす能力は、若ければ若いほどあります**。動画鑑賞であれば、体の負担は増えませんし、息抜きにもなります。トップアスリートのプレーを観る機会を設ける。これもとても良い練習です。

休み方にも工夫できることはあります。日曜日が試合だったときの月曜日や、強度が高い練習をした次の日を、休みにあてている場合が多いと思うのですが、このとき積極的に疲れを抜くことをしているでしょうか。

疲労回復のためには、血液の循環を促して、体の隅々まで栄養と酸素を行き渡らせることが重要になります。トップアスリートたちも、試合の翌日は軽いジョグなどで体を動かしています。いわゆる、**アクティブレスト**です。

全身を使う有酸素運動であるジョギングは、血液循環を高めるのにとても有効な手段です。第二の心臓とも言われるふくらはぎの筋肉をよく動かせるというメリットもあります。血液を全身に送り出すのは心臓ですが、体の末端まで栄養と酸素を届けた後、心臓へと戻す必要があります。このときに、大きな役割を果たすのが、ミルキングアクションと呼ばれるふくらはぎの筋ポンプ作用。ふくらはぎの筋肉の収縮と弛緩《しかん》によって、心臓に戻る血液がスムーズに押し上げられるのです。

ジョギングであれば、部員全員で集まる必要はありませんし、20〜30分程度をゆっくりと走るだけなので、負荷は小さく、時間もかかりません。ストレッチや交代浴（232頁参照）などと組み合わせて十分にリカバリーしておけば、ケガのリスクを下げることができ、次の練習も意欲的に取り組むことができるでしょう。

卓球やバドミントンなど、ラケットスポーツのトップ選手たちは、ラケットを持たない期間が1日、2日あるだけで感覚が鈍ってしまうと言います。**感覚を維持するために、オフの日もラケットを握って、ときには軽く壁打ちなどをする**そうです。感覚を失うと、次の練習が感覚を取り戻すための時間となってしまうからです。

トップアスリートたちはどのようにオフを過ごしているか。これを伝えるだけで、休み方やリカバリーが上手くなり、その結果、練習の質が上がるはずです。練習量を増やす前に、取り組めることはたくさんあるのです。

指導者の方であればご存知かもしれませんが、スポーツ庁が発表している「運動部活動の在り方に関する総合的なガイドライン」（義務教育である中学校段階の運動部活動が主な対象）の中には、「適切な休養日等の設定」という項目があるので、参考のために引用しておきます。

運動部活動における休養日及び活動時間については、成長期にある生徒が、運動、食事、休養及び睡眠のバランスのとれた生活を送ることができるよう、スポーツ医・科学の観点からのジュニア期におけるスポーツ活動時間に関する研究も踏まえ、以下を基準とする。

- 学期中は、週当たり2日以上の休養日を設ける（平日は少なくとも1日、土曜日及び日曜日（以下「週末」という）は少なくとも1日以上を休養日とする。週末に大会参加等で活動した場合は、休養日を他の日に振り替える）。
- 長期休業中の休養日の設定は、学期中に準じた扱いを行う。また、生徒が十分な休養を取ることができるとともに、運動部活動以外にも多様な活動を行うことができるよう、ある程度長期の休養期間（オフシーズン）を設ける。

- 1日の活動時間は、長くとも平日では2時間程度、学校の休業日（学期中の週末を含む）は3時間程度とし、できるだけ短時間に、合理的でかつ効率的・効果的な活動を行う。

練習時間に関することで、朝練は有効かという質問を受けることがあります。**朝に練習をすることが競技レベルの向上に良い、悪いということはありません**。

夕方の練習を減らして朝練習をすることで勉強の時間が確保できる、朝ならばフルコートで練習ができる（夕方はほかの部活動と重なる）といったメリットがあるのならば、導入を検討する価値があるでしょう。

練習時間を増やしても勝てるわけではない、休養も重要、学生の本業は勉学。これは、忘れないようにしてください。

試合

「試合に負けてしまった。まずは何をするべき？」

A グラウンドを10周走る

B 忘れないうちにミーティングをして悪かったところを確認

ジョギングでクールダウンしながら頭を整理しましょう（正解はA）

試合で負けた直後、みなさんは何をしているでしょうか。試合で起きたミスの映像でのチェックでしょうか、チームでの反省を兼ねたミーティングでしょうか。負けた罰としてグラウンドを走らされたり、腕立て伏せなどの筋トレが課されたりすることもあるかもしれません。

罰として走ること、筋トレをすることで、フィジカル面で何かが向上することはありません。場合によってはランニングや筋トレにネガティブなイメージを持ってしまうこともあるでしょう。

しかし、試合の後に走ることには意味があります。グラウンド10周程度の距離や時間であれば、良いクールダウンになるでしょう。また、じっと座って反省をしているとネガティブに考え過ぎてしまったり、自分を責め過ぎたりしてしまうことが多いのですが、**ジョギングには頭の中が整理されるという効果が期待できます。**

ランニングを趣味にしている人ならば、経験があると思うのですが、心拍数が上がり過ぎない程よいペースでリズムよく走っていると、思考がクリアになり、仕事中に解決できなかった悩みの答えが閃《ひらめ》いたりします。

アスリートに帯同していても、試合中や競技の練習中より、クールダウンやアクティブレストのためのジョギング中に、練習や試合の反省、技術・戦術の見直しができている選手が多いなと感じます。**強度が高過ぎず、適度に体を動かしている状態が思考の整理に適しているのかもしれません。**

チームメイトとのジョギングであれば、自然に会話ができ、試合で上手くいったところ、良くなかったところを整理できるでしょう。監督やコーチが「考えろ」などと言わなくても、学生たちは考えるはずです。試合後に延々とダッシュを繰り返したり、無駄に長時間走ったりするのは体にとって害でしかありませんが、ジョギングで体を整えつつ頭を整理するのは良いことだと思います。

ミーティングは後日でも十分ですし、試合直後よりも時間が経って冷静になってからの方が良いでしょう。

「効率よく筋力アップを目指すなら？」

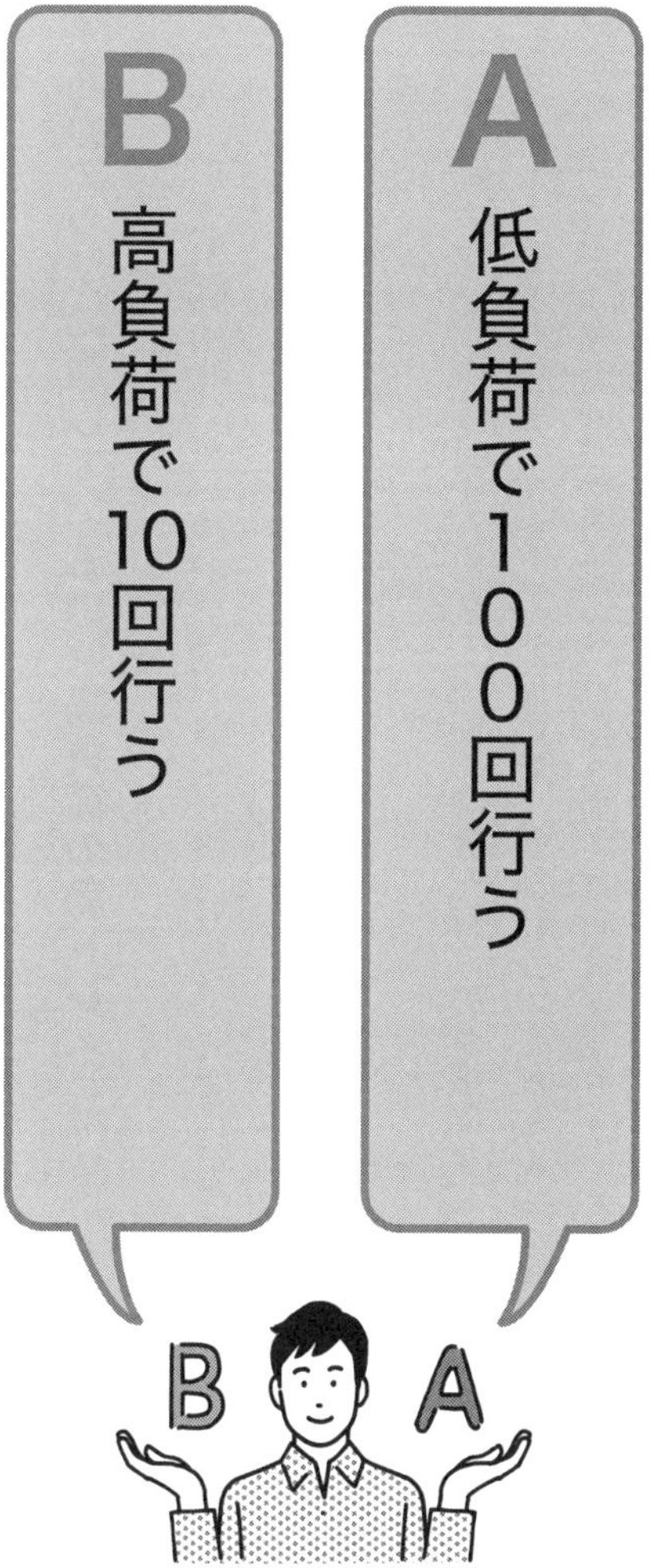
A
低負荷で１００回行う
B
高負荷で10回行う
B
A

筋力アップに適しているのは高負荷の筋トレ（正解はB）

腕立て伏せや腹筋運動、ダンベルやバーベルを使った筋トレが部活動のメニューに盛り込まれていたり、そうでなくても自主的に取り組んだりしている学生もいるでしょう。なるべくたくさん回数をこなした方が、強くなれる気がしている人もいるかもしれませんが、そんなことはありません。

効率よく筋力アップを目指すなら**8〜12回の回数を行うのが限界な高負荷のもの**を、休憩を挟みながら**3セット程度**。頻度としては**週2〜3回行う**のが理想です。無理なく100回も繰り返せてしまう運動は、筋力アップという面では負荷が足りず、効果的ではありません。

筋力アップにダンベルやバーベルなどを使った高負荷の筋トレはとても有効ではあるのですが、取り組み方にはかなり注意が必要です。

まず、**骨が成長段階にある中学生年代は高負荷の筋トレは避けるべき**でしょう。成長している間は、骨がまだ柔らかく、過度な負荷をかけると変形してしまう可能性があります。骨の成長には個人差があり、高校生年代になったとしても身長が伸びているようなら、まだまだ成長段階。大きな負荷をかけるのはリスクがあります。

パーソナルトレーニングを受けたことがある人ならイメージできると思うのですが、自分に適した負荷を設定し、ケガのリスクの少ない正しいフォームで十分な回数を行うのは、なかなか難しい作業です。だからこそ専門家がいて、プロアスリートにも専属のトレーナーがついているのです。トレーナーの指導が受けられる環境でなければ、無理に高負荷の筋トレにチャレンジせず、ケガのリスクの小さい範囲でトレーニングをしてもらえたらと思います。

ある程度の筋肉はケガの予防に欠かせないものではありますし、体の成長が落ち着いたから筋トレに励みたいという人もいるかもしれません。筋肉量を増やすために重要な、3つの筋トレの原則を紹介しておきましょう。

①過負荷の原則……過負荷の原則は、**普段体に与えている刺激よりも強い刺激を与えなければ、筋力が向上したり、筋肉量が増えることはない**という原則です。簡単に言えば、毎日2キロの鞄を持って通学している学生が、500グラムのペットボトルを持っても筋トレにはならないということです。競技の練習でジャンプやスプリントを繰り返し、ときには補強トレーニングで階段の上り下りをしている。このような学生が、ダンベルやバーベルを使わないスクワットを10~20回やったとしても、効果は見込めません。日常生活や普段

の競技の練習では与えていない強い刺激を与えるのは、それだけつらいということになります。**楽なことをしても筋肉は強くなってくれない**のです。

②漸進《ぜんしん》性の原則……筋肉を増やしたり、筋力をアップするためには、**同じ負荷でずっとやり続けるのではなく、徐々に負荷を上げていく**必要があります。これを漸進性の原則と言います。しっかりと過負荷にするために、定期的に負荷を見直しましょう。〝徐々に〟というのがポイントで、急激に負荷を上げてトレーニングに挑戦するとケガのリスクが高くなってしまいます。はじめのうちは過負荷の原則に当てはまらなくてもいいので、強度が低めのものから始めてください。しばらくは筋トレのフォームを作ること、筋トレに慣れることを目的にし、フォームが安定したところで徐々に負荷を上げていきましょう。

③継続性の原則……トレーニングの効果が現れるまでには、**ある程度の期間、継続することが必要**という原則です。1週間や2週間、筋トレをやったところで、大きな効果は得られません。筋トレの効果を感じたいのであれば、**最低でも3か月は取り組みましょう**。3か月継続して効果がなければ、負荷や頻度不足、タンパク質などの栄養不足が考えられます。

まずはこの3つのポイントを押さえて、筋トレに取り組んでみてください。

「筋トレでは筋肉痛が起こるまで追い込むべき？」

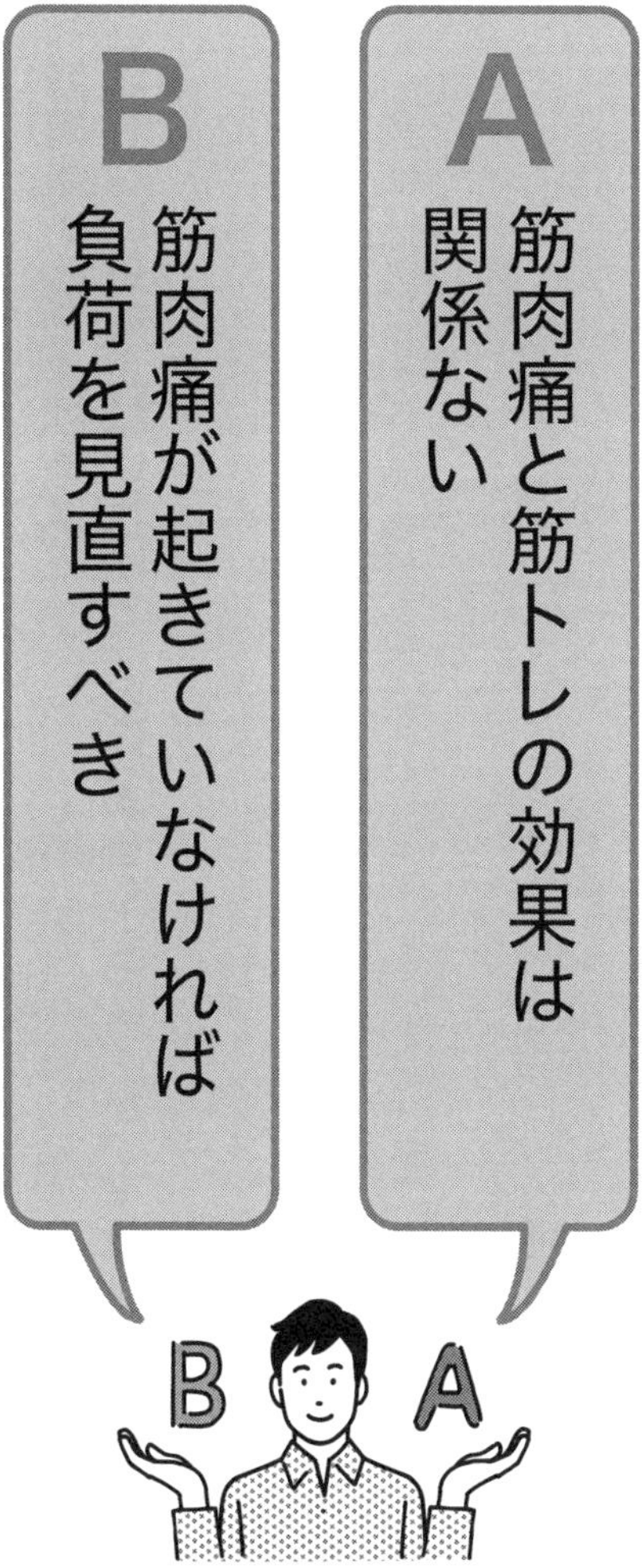
A
筋肉痛と筋トレの効果は関係ない
B
筋肉痛が起きていなければ負荷を見直すべき
B
A

筋肉痛が起きなければ筋トレの効果がないわけではありません（正解はA）

筋肉痛はどうして起こるのか。実は、筋肉痛のメカニズムはまだすべてが解明されていません。近年、有力視されているのが、体を動かすことでできる筋線維の傷が原因だという説です。筋線維に傷ができるほど筋肉を使ったわけですから、しっかりと追い込めた一つの証拠にはなるわけですが、筋肉痛が起きなければ追い込めていないかというと、そんなことはありません。

それなら筋肉痛なんてなければいいのに、なんて思うかもしれませんが、**筋肉痛は筋トレ後に筋肉痛が全くないという人でも、筋力アップや筋肥大は起こります。フォームの改善や、負荷の目安に活用することができます。**

たとえば、ベンチプレスや腕立て伏せで大胸筋をメインに鍛えたとしましょう。もし、片側の胸にだけ筋肉痛が出たり、胸ではなく肩や腰に筋肉痛が出たりしたのなら、それは誤ったフォームが原因かもしれません。ベンチプレスならバーを握る位置や、ベンチに寝ている姿勢、腕立て伏せなら手を置く位置などを見直してみましょう。

筋トレの後、1週間も筋肉痛が抜けないなどという場合は、負荷が大き過ぎる可能性があります。いつも必ず筋肉痛が起きていたのに、しばらく筋肉痛にならないという場合は、負荷を上げてみてもいいかもしれません。

部活の話からはそれてしまいますが「年をとると筋肉痛が出るのが遅くなる」というのは、都市伝説のようなもので、全く根拠がありません。若い人はすぐに筋肉痛が起きて、高齢になると筋肉痛のタイミングが遅れてくるというのは事実無根なのです。

しかし、高齢になると疲労からの回復、筋肉痛からの回復が遅くなるということはあります。

筋肉痛が起きたら運動をしてはいけない、ということはありませんが、パフォーマンスの低下に繋がってしまうので、試合前に筋肉痛が起こるまで体を追い込むのは避けるべきでしょう。

「補強の筋トレはチームでやるべき？個人でやるべき？」

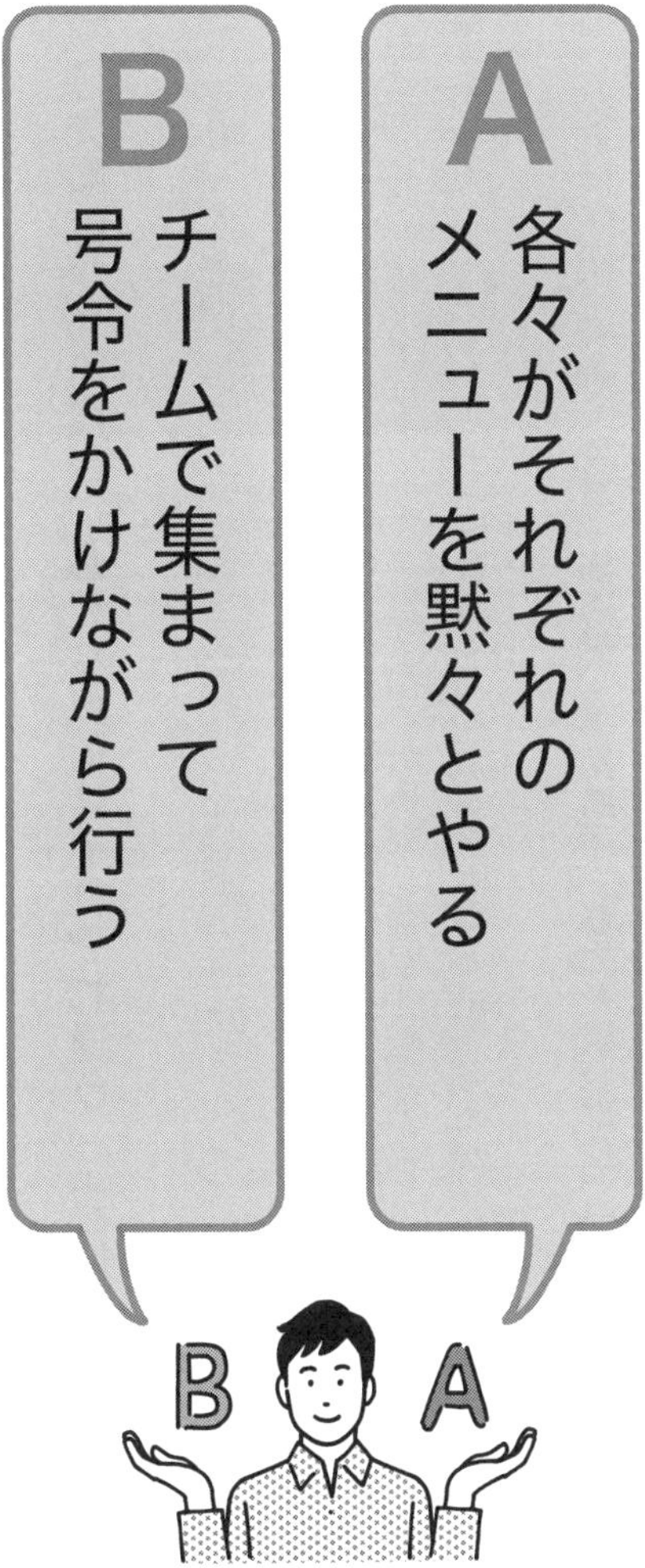
A
各々がそれぞれのメニューを黙々とやる
B
チームで集まって号令をかけながら行う
B
A

優先順位が高い種目、必要な負荷はそれぞれ違う（正解はA）

腕立て伏せや腹筋、スクワットなどの筋トレを補強として取り入れている部活動は、案外多いのではないでしょうか。練習後、集まって輪になり、1、2、3〜と号令をかけながらやっているという話もよく聞きます。アメリカのトレーナー仲間と情報交換をしているとき「日本はカレッジスポーツでもそういうことがある」という話をすると、かなり驚かれます。効果を出すためにはトレーニングは個々でやるべきものという考えが浸透しているからです。

当たり前ですが、**身長や体重、筋肉量、体脂肪率、筋力が強い部位、弱い部位などはみな違います**。同じチーム内に、腕立て伏せをしたとしても20回で限界な選手もいれば、50回やっても平気という選手もいるでしょう。それにもかかわらず皆で30回やるとなると、20回が限界の選手は正しいフォームで行えずケガのリスクが高くなりますし、50回やれる選手にとっては負荷不足で効果がないということになります。

「効率よく筋力アップを目指すなら？」（69頁参照）で説明した、過負荷の原則と、漸進性の法則を思い出してください。

普段体に与えている刺激よりも強い刺激を与えなければ、筋力の向上や筋肉量が増えることはないというのが、**過負荷の原則**。筋肉を増やしたり、筋力をアップするためには、同じ負荷でずっとやり続けるのではなく、徐々に負荷を上げていく必要があるというのが、**漸進性の原則**です。

皆で集まって、同じ負荷、同じ回数の筋トレを繰り返していて、筋力アップや筋肉量アップができるでしょうか。どちらの原則にも当てはまっていませんよね。これでは効果が見込めません。もちろん、チームとしての一体感の向上や、チーム内の競争意識の刺激といった面はあるかもしれません。もしも、それらを狙うのであれば、その目的に適した負荷設定や種目選びが必要でしょう。目的をはっきりさせることなく、何となく皆でやるというのは、マイナスにしかなりません。特に中学生、高校生の年代では、1年生と3年生でかなりの体力差、体格差があるものです。**成長段階に合わせたメニュー作りを意識してほしい**なと思います。

また、自分はどこの部位が強くて、どこが弱いのか。弱点を穴埋めするためには、どんな補強トレーニングが必要なのか。そして、適切な負荷はどの程度なのか。これらを見極めるのは、トップアスリートでも難しい作業です。だからこそ、トレーナーという職業が存在しているとも言えます。トレーナーの指導が受けられる環境でなければ、**無理に高負荷の筋トレに挑戦するのは控えてほしい**というのが本音です。〝補強〟のはずの筋トレでケガをして、競技の練習を休まなければいけないなんて、本末転倒ですよね。

補強の筋トレについては、全員で集まって行うメリットは少ないという話をしてきましたが、**ケアのストレッチについては練習後にある程度全員でやるメリットが大きい**と思います。ケガなく、質の高い練習をし続けるためには、日々のケアが欠かせません。その日の練習の疲れを翌日に持ち越さないこと、万全の状態で練習に臨むことが大切です。そのために、**練習後のストレッチはとても重要**です。

ストレッチは各自でやっておくようにと指示する部活もあるようですが、それだとどうしても「疲れているから」「早く塾に行かないといけないから」といった理由でパパッとやって切り上げたり、サボったりする選手が出てきてしまいます。

指示したストレッチをサボってケガをするのは自己責任と言ってしまったらそれまでですが、ケガのないチームを目指すのであれば、ストレッチを練習時間の中に組み込んでほしいと思います。

「体の軸を安定させるのに欠かせない体幹トレーニング。
では体幹トレーニングとはどこを鍛えるもの？」

A　全身のあちこちにある空洞

B　腹直筋などの腹まわりの筋肉

体幹トレーニング＝腹まわりの筋肉を鍛えるというのは誤解（正解はA）

体幹トレーニングの目的は、**体幹＝体の軸**を安定させ、試合でのパフォーマンスを上げること、ケガを予防することです。部活で取り組んだことがある人もいるかもしれませんが、残念ながら、体幹とは何かを理解し、正しく実践できている例はあまり多くありません。最も多いのは「体幹トレーニング＝腹まわりの筋肉を鍛える」という誤解。確かに腹まわりは鍛えるべき部位の一つです。しかし、そこだけを鍛えても、体の軸の安定は図れないのです。

体幹トレーニングの意味を理解するには、どうして体の軸がぶれるのかを知ることが近道かもしれません。**体の軸がぶれる原因、それは骨と骨の間にある空洞**です。たとえば、肋骨と骨盤の間には大きな空洞がありますよね。この部分のことを腹腔《ふくくう》と呼びます。仮に肋骨が骨盤近くまであれば、体は安定しますが、上半身の可動性は失われます。

つまり人間の体は、腹腔のおかげでさまざまな動作が可能になっている反面、その空洞のせいで体の安定が損なわれているということ。そこで、**空洞部分の筋肉を鍛えて体を安定さ**

せよう、というのが体幹トレーニングの基本的な考え方です。

となると、鍛えるべき部位は腹まわりだけでしょうか。最も大きな空洞という意味で、腹まわりの優先順位は高いのですが、各関節周辺の筋肉も含めて鍛えていかないと、体は安定しないのです。

競技によっても優先的に鍛えるべき部位は異なります。たとえば、テニスやバレーボールのように腕を使う競技なら、肩甲骨《けんこうこつ》周辺の筋肉を鍛えておかなければ、ラケットを振る動作やボールを打つ動作がぶれてしまうでしょう。

体幹トレーニングとは何かが理解できたでしょうか。それでは、改めて人体にある最も大きな空洞である腹腔、**コアユニット**と呼ばれる部分がいかに大切か、そしてどうやって鍛えていくのかという話をしましょう。

講演などで体幹トレーニングの話をする際、わかりやすくイメージしてもらうために、「**コアユニットとは胴体部分を支えるトイレットペーパーの芯のようなもの**」と伝えることがあります。肋骨と骨盤の間に、分厚いトイレットペーパーの芯が備わっていれば、ジャンプして着地したときにも芯が潰れないので、体勢が崩れたり、転んだりする心配はありません。しかし、トイレットペーパーの芯が濡れてふやけていたらどうでしょうか。着地の際に

筋力

グニャッと潰れて、体はバランスを失ってしまいます。

胴体部分のトイレットペーパーの芯が潰れて体勢が崩れると、それに連動して膝や足首に思わぬ負荷がかかり、捻挫などのリスクが高まります。足首を捻挫しやすい選手がいたとき、その原因は足首周辺の筋肉の弱さではなく、コアユニットの不安定さである場合があるということです。

体の軸の安定は、どんな競技においてもとても重要です。そもそも走っているときは、常に片脚立ちでバランスをとらなければいけません。野球でボールを投げるとき、サッカーでボールを蹴るときは、当然片脚立ちで体の軸を安定させる必要があります。コンタクトスポーツであれば、相手との接触で起きる衝撃に耐えなければいけません。

トイレットペーパーの芯のようなもの＝コアユニットが、どのように構成されているのかにも触れておきましょう。人間の胸部には肋骨があり、上半身と下半身を繋ぐ部分に骨盤があります。この肋骨と骨盤の間には、背骨が通っているだけで、骨格標本を見ると空洞になっているのがわかります。

肋骨には、心臓や肺といった大切な器官を守る役割があります。心臓や肺を傷つけると生命維持に重大な問題が起きるので、肋骨という強い組織で覆っているわけです。肋骨で覆われていない部分にも、胃や腸などの重要な器官があるのだから、肋骨が骨盤の位置まで覆って守ってくれればいいのではと思いますよね。しかし、人間は動作の自由度を確保するために、現在の形に進化したと言われています。私たちが球技やダンスをするときに、体をさまざまな方向に捻《ひね》る動作ができるのは、肋骨が胸部しか覆っていないからです。

動作の自由を確保しながら、内臓を守る。そのために重要な役割を果たしているのが、コアユニットと呼ばれている筋肉群なのです。

コアユニットは、大きく内側に位置する**インナーユニット**と、外側に位置する**アウターユニット**の2つに分けられます。インナーユニットは、腹部をコルセットのように包む腹横筋《ふくおうきん》、背中側にある多裂筋《たれつきん》、上に位置する横隔膜《おうかくまく》、底面を支えている骨盤底筋群《こつばんていきんぐん》で構成されています。これらを繋ぐと箱のような形になります。アウターユニットを構成するのは、腹直筋《ふくちょくきん》、外腹斜筋《がいふくしゃきん》、内腹斜筋、広背筋《こうはいきん》といった筋肉。腹直筋は、一般的に〝腹筋〟と呼ばれる、肋骨と恥骨を縦に結ぶ筋肉です。外腹斜筋は肋骨の上部から腸骨に伸びる筋肉で、内腹斜筋は外腹斜筋の深層にあります。腹斜という名前からイメージできる通り、腹部の両サイドを斜めに走っている筋肉です。広背筋は上腕骨から腰のあたりまで繋がっている大きな筋肉。腹斜筋群については、内腹斜筋はインナーユニット、外腹斜筋はアウターユニットだとするトレーナーもいます。学術的に決まっているものではないので、どちらが正しいということはありません。

何をどれだけ鍛えるべきかは競技によって異なります。つまり、取り組むべき体幹トレーニングの内容も変わるということです。

たとえば、青山学院大学の駅伝チームでは「インナーユニットの使い方の習得」→「インナーユニットの強化」→「アウターユニットの強化」というステップで、体幹トレーニングを行っています。

最初のステップは**ドローイン**。簡単に説明すると、仰向けに寝て両膝を立て、鼻から息を吸ってお腹を膨らませながら腰を大きく反らせ、息を吐きながら腰を元に戻すという動作です。これでインナーユニットの使い方を学び、さらにドローインした状態で体を動かすことを繰り返します。次のステップがプランクなどで行う**インナーユニットの強化**。プランクとは、両肘・両膝を床について、インナーユニットを使って姿勢を維持する動作（左頁参照）。ドローインでインナーユニットの使い方を学んでいないと、アウターユニットのみを使って姿勢を維持してしまいがちです。

最後のステップが**アウターユニットの強化**。いわゆる〝腹筋運動〟のような、腹直筋のト

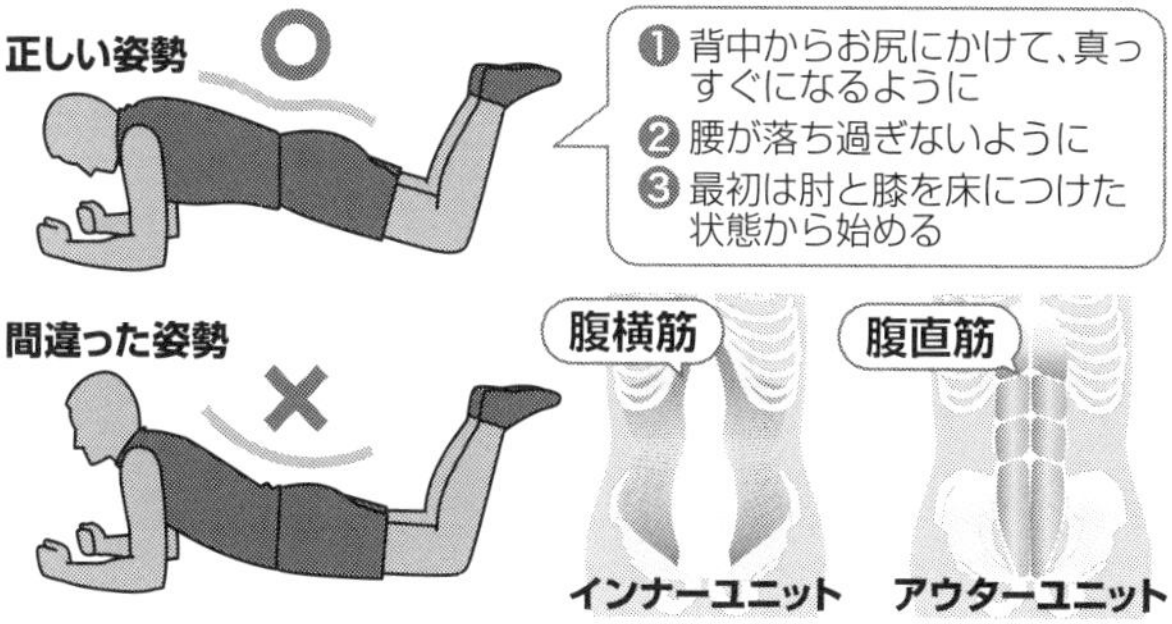
正しい姿勢
○
❶背中からお尻にかけて、真っすぐになるように
❷腰が落ち過ぎないように
❸最初は肘と膝を床につけた状態から始める
間違った姿勢
×
腹横筋
腹直筋
インナーユニット
アウターユニット

レーニングや懸垂のような広背筋を鍛えるものが該当します。

　ここまで読んできた人には、もうおわかりいただけたと思いますが、**腹筋運動＝体幹トレーニングではありません**。つまり、腹直筋が割れてきれいなシックスパックができているからといって体幹が十分に鍛えられている、体幹が強いというわけではないのです。腹直筋がかなり割れている状態＝体幹ができていると勘違いしている人は、プロのアスリートの中にもいます。見た目がわかりやすいせいなのか、シックスパックができていると肉体的なパフォーマンスが向上していると思ってしまうようです。

　ボディビルダーのように、肉体美を競う競技であればパフォーマンスが向上していると言えるでしょう。競技によっては、腹直筋が重要な役割を果たすものもあります。しかし、繰り返しになりますが、腹筋運動＝体幹トレーニングではありません。腹筋運動は体幹トレーニングのほんの一部であり、競技によっては優先順位はそれほど高くもありません。選手は、自分が取り組んでいる競技に腹直筋がどの程度重要なのかを知り、必要に応じてトレーニングをしていくべきなのです。たとえば腹直筋ばかりが圧倒的に強いと、骨盤は後傾して背中が丸くなり、頭が前に出て上半身のバランスが崩れてしまいます。体の軸の安定を目指しているはずのトレーニングで、体のバランスを崩してしまっては、何のためのトレーニングなのかわかりません。

ボディバランスの強化としては、**バランスボールを使ったトレーニングも有効**です。ボールに座るだけでも、体を安定させるために必要なコアユニットの筋肉群を使うことになります。さらに、ボールに座った状態で片脚をあげたり、腹筋運動をしたり。不安定な状態でトレーニングをすることで、平衡感覚をコントロールしている小脳を刺激し、バランス能力を鍛えることができます。

バランスボールは、もともとは脳機能に障害を持つ子どものリハビリ用に活用されて広く知られるようになったものですが、今ではトップアスリートのトレーニング用としても使われています。

体幹トレーニングは、スポーツで高いパフォーマンスを発揮するために欠かせません。しかし、闇雲にそれらしきトレーニングをしても効果がないということは覚えておきましょう。

「以前できていたプレーが上手くできなくなってしまった。正しい対処法は？」

A 悪いプレーを映像で観て修正点を探す

B 良かった頃のプレーの映像を観る

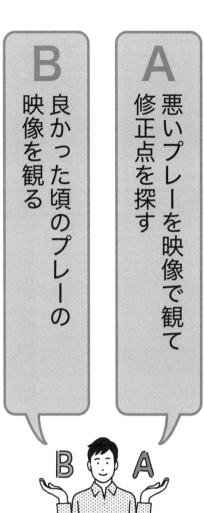

悪いプレーの映像を観続けるとそれを記憶してしまう（正解はB）

スポーツの練習とは、体に動作を記憶させること。サッカーであれば、こういう角度で足を出して、このぐらいの強さでボールのこのあたりを蹴ると、どんなスピードでどんな軌道を描いてボールが飛んでいくのかを体に覚えさせ、動作の再現性とその精度を高めていきます。テニスのサーブ練習や、ランニングのフォーム作りでも同じことが言えます。英単語を書いて覚えるのとも近い感覚ですね。試合で練習通りにできないというのは、覚えたつもりの英単語が実は十分に覚えられていなかった、テストのときに緊張で記憶が真っ白になってしまったというのに似ています。

自分の動きができなくなってしまうこと、わからなくなってしまうことは、**イップス**と呼ばれることがあります。イップスという用語は、１９３０年前後に活躍したプロゴルファーのトミー・アーマー氏が、この症状によって引退を余儀なくされたことで知られるようになりました。すべての競技ゴルファーのうち33～48％にイップスの経験があるという研究報告もあるほど、スポーツ選手にとっては身近なものです。

現在は、スマートフォンなどで簡単に動画が撮れるようになったため、プレーの不調が起こると、それを動画で撮影し、肘の角度や、膝の角度、重心位置などがいかに悪いかを指摘する監督やコーチがいます。選手本人も原因を探るために、悪い映像を観てしまいがちですが、**何度も繰り返し観ていると、脳がその動きを記憶してしまいます**。間違った英語のスペルをずっと見ているようなもので、ますます動きが悪くなってしまうということが起こり得ます。

やるべきことは自分がよくプレーできていたときの映像、理想とするプレーの映像を観ること。悪い映像で反省するのではなく、良い映像で理想を追いかけるというのが正しい対処法です。

子どものプレーを映像に残している保護者の方もいると思いますが、悪いプレーを観せてミスを指摘するのは避けてください。

「雨が降ってきた。今日の練習はどうするべき？」

A
切り替えて今日は屋内で筋トレ

B
グラウンドが使えるなら雨の中で練習をする

雨天中止にならないスポーツなら雨の中の練習も必要（正解はB）

サッカーやラグビー、陸上といった競技であれば、雨の日にも試合が行われます。野球でも、小雨であれば試合が決行されることはよくあります。実際、目標とした大会や試合の当日の天候がどうなるかは誰にもわかりません。雨が降っているかもしれませんし、強風が吹いているかもしれません。

自分たちは雨の日に練習や試合を経験したことがなく、相手は雨の日の経験が十分あったとしたらどうでしょう。実力が五分だったとしたら、経験がある分、相手の方が有利であることは想像できますよね。

濡れたグラウンドでのプレーは体の使い方が変わるでしょうし、ボールの跳ね方、止まり方も乾いたグラウンドとは異なるでしょう。雨や風の強さによっては、戦術を練り直す必要があるかもしれません。

雨や強風の中でのプレー経験がなければ、試合前にネガティブな気持ちになる可能性もあります。雨が降ってもグラウンドが使えるのであれば、試合への準備の一つだと考えて練習しておいた方がいいでしょう。もちろん、雨の中での練習は予期せぬ転倒などのリスクもありますから、注意は必要です。

雨とは少し話が離れますが、寒い環境、暑い環境での練習も（低体温症や熱中症への十分な対策は必要ですが）大切です。

人間には外気が40℃であろうが、氷点下であろうが、**体温を37℃に保つ**機能が備わっています。その優れた体温調節機能を担っているのが自律神経です。自律神経の働きが悪くなると上手く体温調節ができず、低体温症や熱中症のリスクが高まってしまいます。この体温調節機能をしっかりと働かせるためにはある程度訓練する必要があり、**常に室温が一定の心地好い環境にいると、自律神経の働きが鈍くなってしまう**のです。

寒いから外に出ない、暑いから外に出ないでは、自律神経のトレーニングができません。**寒さや暑さを体感するのは、体にとって大切な経験**です。あまり甘やかし過ぎないようにしましょう。

状況対応

「今日はグラウンドが使えないからガッツリとトレーニングをする日。どの順序が正しい？」

A
筋トレをしてから心肺機能向上のためのトレーニング

B
心肺機能向上のトレーニングをしてから筋トレ

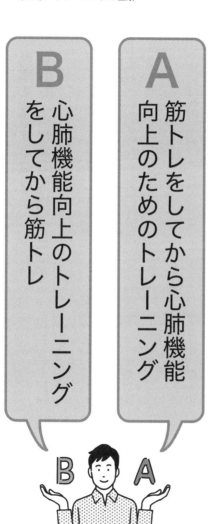

効率を考慮するなら筋トレと有酸素運動は別の日にする（どちらも不正解）

多くのスポーツには**筋力と心肺機能のどちらも必要**な場合があります。ウエイトリフティングの選手であれば筋力が、マラソンランナーであれば持久力が優先されますが、バスケットボールやテニス、サッカーなどはそのどちらも同じぐらい重要でしょう。

どちらも向上させたいと思うと、たとえば競技の練習をして、走り込みをして、最後に筋トレといったように1日の練習の中に両方の要素を盛り込みがちです。すべてのメニューを終えた頃には疲労困憊、やり切った感じはすると思いますが、**効率よく筋力アップと心肺機能の向上を目指すのであれば、筋トレと有酸素運動を同じ日にやり込むのは、あまりおすすめできません。**

有酸素運動をするとＡＭＰＫ（アデノシン一リン酸活性化プロテインキナーゼ）という酵素が活性化します。ＡＭＰＫは細胞内のエネルギー状態を監視していて、その状態に応じて代謝を調節する酵素。有酸素運動をして、体を動かすためのエネルギー源であるＡＴＰ（アデノシン三リン酸）が不足すると、タンパク質の合成をストップし、ＡＴＰの消費を抑えます。つまり、筋肉を大きくしよう、筋力を強くしようというスイッチがオフになってしまうということです。

スイッチがオフの状態で筋トレをしても大きな効果は期待できませんし、先に筋トレでタンパク質合成のスイッチをオンにしても、その後の有酸素運動でスイッチをオフにすれば筋トレ効果が相殺《そうさい》されてしまう可能性が高いのです。

また、持久力向上のために心肺機能を追い込んだ後に筋トレをしようとしても、疲労で十分に体を動かせず、必要な負荷をかけられないことも考えられますし、ケガのリスクも高くなってしまいます。

持久力を高めるためのインターバルトレーニングと、筋力アップのためのウエイトトレーニングはどちらも楽なものではありません。せっかくきついトレーニングをするのですから、十分なリターンを得るためにも別の日に設定するようにしてください。あれもこれもと**欲張って1日に詰め込んでも、大きな効果は期待できない**のです。

第2章 効率的な準備とケア

入念な準備とアフターケアが体を守る

競技の練習を始める前のウォーミングアップや、練習後のケアを大切にしているでしょうか。質の高い練習をするためにも、そしてケガを予防するためにもウォーミングアップは欠かせないものです。細かいことと感じるかもしれませんが、練習で使うウェアやシューズ選びも、大切な準備です。

もちろんケアも同じように重要です。練習後のストレッチを十分に行うか否かでケガのリスクは大きく変わりますし、痛みに対して正しく素早く対処するかどうかでケガが完治するまでの時間も変わってしまいます。

一流のアスリートであるほど、長く活躍するアスリートであるほど、準備とアフターケアをしっかりと行っています。

大きなケガをして後悔する前に、準備とアフターケアについて見直しましょう。〝知らなかった〟が原因で起こるケガは、ぜひ防いでほしいと思います。

ケガ①

「痛い！　打撲かな？　捻挫かな？
まずはどうする？」

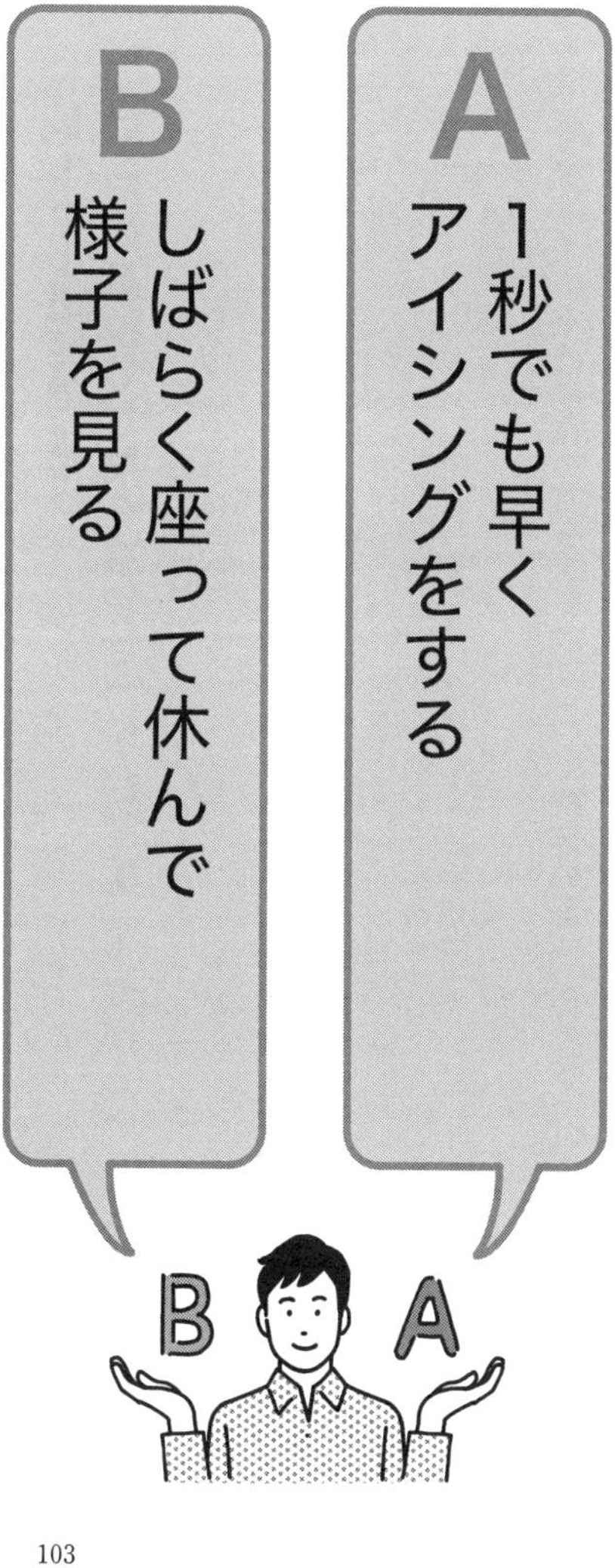
A
1秒でも早く
アイシングをする
B
しばらく座って休んで
様子を見る
B
A

▼トレーナーの間では「迷ったら1秒でも早く冷やせ」が合言葉（正解はA）

スポーツの現場で起こるケガは、大きく外傷と障害の2つに分けられます。運動中に体に急激に大きな力が加わって起こる不慮のケガが外傷にあたります。

走っていて転倒したときに擦りむいた、野球をプレーしていてボールが体に当たって打撲をした、サッカーをしていて相手と接触した際にバランスを崩して足首を捻挫した。これらは、すべて外傷です。

一方で障害は、一定の動作の繰り返しによって特定の部位が酷使されたことで起こるもの。投球動作を繰り返すことで引き起こされる野球肘、ラケットでボールを打つことを繰り返して起きるテニス肘などが代表例になります。

スポーツの現場で捻挫や打撲、肉離れなどが疑われるケガが起きたとき、速やかに行うべき応急処置を**ＲＩＣＥ（ライス）処置**と言います。

ＲＩＣＥとは、ＲＥＳＴ（安静）、ＩＣＥ（冷却）、ＣＯＭＰＲＥＳＳＩＯＮ（圧迫）、ＥＬＥＶＡＴＩＯＮ（挙上）の頭文字をとったものです。

靭帯や筋肉が外力によって損傷すると、細胞膜が壊れて細胞液が周囲に流れ出します。また、毛細血管が切れてしまうことで、血液がその周囲に流れ出てきます。流れ出した細胞液や血液が周囲に浸透し始めると、水圧によって近くの毛細血管内の血流が阻害されてしまいます。そうすると、患部以外の健康な細胞への酸素や栄養素の供給が絶たれ、健康だった細胞まで死滅してしまいます。これを二次的低酸素障害と言います。二次的低酸素障害を防ぐためには、速やかにＲＩＣＥ処置を行う必要があります。

具体的に何をするのか説明していきましょう。ＲＥＳＴとは、**運動を中止し、患部を固定し安静を保つ**こと。余分な血流を抑え、患部の腫れや血管・神経の損傷を防ぐことが目的です。

ＩＣＥとは**氷を使って患部を冷やす**こと。冷やすことで血管を収縮させて炎症や出血を抑え、痛みを軽減させます。また、細胞の代謝レベルを下げ、二次的低酸素障害による細胞壊《え》死《し》の周囲への広がりを防ぎます。

COMPRESSIONは、**周囲の組織や血管を圧迫する**こと。患部に細胞液や血液が滲み出して内出血や腫れが起こるのを抑えます。

ELEVATIONとは、**患部を心臓よりも高く上げる**こと。患部への血流を減らし、腫れや内出血を抑えます。

この4つを同時に行うのがRICE処置になります。

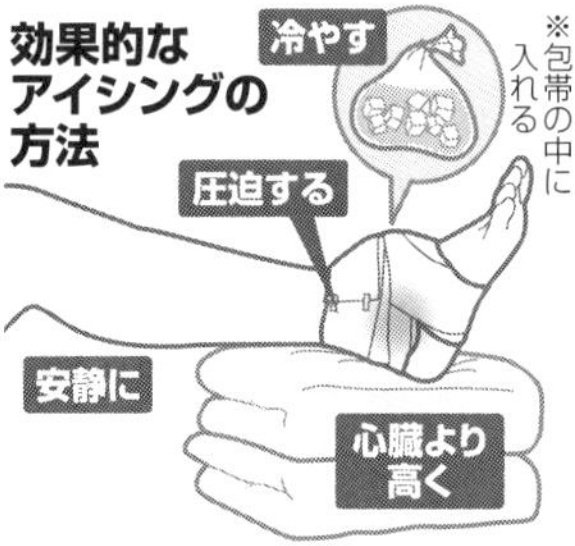
効果的なアイシングの方法
冷やす
※包帯の中に入れる
圧迫する
安静に
心臓より高く

たとえば足首を痛めたとしましょう。氷嚢《ひょうのう》または食品保存用袋や二枚重ねたビニール袋に、氷とごく少量の水を入れます。患部に密着させるために内部の空気を抜きます。患部に氷袋をあて、専用のアイスラップや包帯などを使って圧迫します。足首の位置が心臓より高くなるように、重ねたタオルや椅子などの上に置き、安静にします。時間は20分。様子を見ながら2時間おきに、24～72時間（1～3日）、断続的に続けます。

ただし、**冷やし過ぎには注意が必要**です。30分以上行うと、今度は冷え過ぎた体を温めようとする機能が働き、逆に血流が良くなってしまいます。また、肌が弱い人は氷袋と皮膚の間に手拭いを一枚挟んだりしても良いでしょう。

トレーナーの間では**「迷ったら１秒でも早く冷やせ」が合言葉**。すぐに冷やせば、翌朝には回復できたはずなのに、処置を怠ったために、回復に１～２週間かかってしまうこともあります。本来なら練習できたのに、しばらく休まなければいけなくなってしまうのは、すごくもったいないですよね。

痛みがそれほどでもないからと捻挫や打撲を放置して、パンパンに腫れてしまってなかなか治らなかったという経験がある人もいるでしょう。**ケガは甘く見ず、痛みを感じたらすぐに応急処置を行いましょう。**

もちろん、寒い冬だってアイシングは必要です。

最後にもう一つ、注意点があります。頭・首・背中の外傷や、大量出血、骨折が疑われる大きな変形など、重症な場合はすぐに救急車やドクターを呼び、むやみに動かさないようにしてください。

ケガ①

「ケガをして病院に行ったら全治1か月と診断された。どうする？」

A
1か月しっかり休んで、別メニューに励む

B
痛みがひくまで休んだら練習に復帰

ドクターの言うことを聞いてできることに取り組む（正解はA）

ケガをしてスポーツ整形外科などで診察を受けると、治るまでにどれくらいの時間がかかり、いつまでは安静にして、患部をいつまで固定して、リハビリはいつから開始するかといったことを指示されると思います。

ケガで練習を休んでいると「皆と差がついてしまうのではないか」「レギュラーになれないのではないか」といった不安が頭をよぎり、選手たちは少しでも早く練習に戻りたいと思いがちです。実際、痛みがまだ残っているのに練習に復帰したことがある、ドクターの指示よりも早く安静期間やリハビリ期間を切り上げた経験があるという人も多いのではないでしょうか。練習に早く戻りたいという気持ちはわかるのですが、**無理をして練習に戻ったところで、あまり良い成果は得られません**。痛みがあるのに騙し騙しプレーをしていては、いつまでもケガは完治しませんし、患部を庇《かば》うことで別の部位をケガしてしまうこともあるでしょう。フォームや体のバランスを崩す原因にもなります。痛みやケガへの不安から、強度の高い練習についていけないということも起こるでしょう。**長い目でみれば、百害あって一利**

なしです。

痛みがひいたからといって、甘くみてはいけないケガの一つに**捻挫**があります。捻挫とは、関節部分で骨と骨をセロハンテープのように繋ぐ靭帯が伸びたり、一部が切れてしまったりするケガのこと。ジャンプして着地する際に不自然な形で足をついてしまった際の足首の捻挫や、バスケットボールやバレーボールが指先に当たったときに起こる指の捻挫（突き指）は、部活動中によくあるケガです。「捻挫が癖になってしまった」という話をよく聞きます。確かに一度捻挫をすると、繰り返してしまう選手は少なくありません。しかし、そのほとんどは**完治する前にトレーニングを再開したことに原因がある**のです。

捻挫は程度によってⅠ度、Ⅱ度、Ⅲ度の3段階に分類されます。**Ⅰ度は靭帯が伸びた状態**で、痛みも腫れも軽度のもの。日常生活には支障がないレベルです。痛みが軽く、普通に歩ける程度の足首の捻挫はⅠ度ということです。**Ⅱ度は靭帯が部分的に切れた状態**で、中程度の痛みや腫れがあるもの。**Ⅲ度は靭帯が完全に切れた状態**で、痛みや腫れが大きく、日常生活が困難なレベルになります。程度や部位にもよりますが、場合によっては手術が必要になり、完治まで

3段階ある捻挫の程度

Ⅰ度	靭帯が伸びた状態。痛みも腫れも軽い。日常生活に支障はない
Ⅱ度	靭帯が部分的に切れた状態。中程度の痛みや腫れ
Ⅲ度	靭帯が完全に切れた状態。痛みや腫れが大きく、歩くのも困難

数か月もかかります。

Ⅲ度の捻挫はもちろん大変なのですが、**実はⅠ度の捻挫がとても怖い**のです。それは、Ⅱ・Ⅲ度の捻挫が少しずつ回復してきて、Ⅰ度のレベルになったときに、治ったと勘違いする人が多いからです。まだⅠ度の捻挫の状態なのに、これまでの遅れを取り戻そうとして激しいトレーニングをするとどうなるか。間違いなく症状は悪化します。完治していない状態で復帰し、症状が悪化したことを、〝癖〟と呼んでいる人が多いことをイメージできたのではないでしょうか。

肉離れも「癖になった」とよく言われるケガの一つでしょう。肉離れとは、筋線維の一部が断裂した状態のことで、医学的には筋挫傷と呼ばれます。

急なダッシュやストップ、ジャンプなど、大きなパワーを発揮する際に起こることが多いケガです。**筋肉の疲労やウォーミングアップ不足なども原因になる**のですが、**筋力と柔軟性のアンバランスさ**も肉離れを起こす大きな要因です。

例を挙げてみましょう。バレーボールでスパイクやサーブを打つとき、初めに腕を後ろに引きますよね。このとき、背中の筋肉は収縮して、その反対側にある胸や腹の筋肉は引っ張られて伸びた状態になります。背中の筋肉がグッと縮んだときに、引っ張られる側の胸や腹の筋肉に柔軟性がなければどうなるでしょう。そう、引っ張られる力に耐え切れず、筋線維が断裂してしまいます。

一瞬で大きな力がかかる瞬発系の動作をする動き、サッカーでボールを蹴るのも肉離れが起こりやすい動作です。脚を大きく後ろに引き上げたとき、太ももの後ろ側の筋肉であるハムストリングスが収縮し、太ももの表側の大腿四頭筋が伸長します。このとき大腿四頭筋の柔軟性がなければ、肉離れが起こる可能性が高いです。そのままボールを蹴って、脚を前方に振り上げるとき、今度は大腿四頭筋が収縮し、ハムストリングスが伸長します。このとき、ハムストリングスの柔軟性が低ければ、肉離れに繋がるのはもうイメージできますよね。

このように、体を動かすときは、いくつかの筋肉が同時に働いて関節を動かします。このとき主に力を発揮する筋肉を主動筋《しゅどうきん》と呼び、主動筋の動きに対して逆の動きをする筋肉を拮《きっ》抗筋《こうきん》と呼びます。先ほど例に挙げたボールを蹴る動作で言えば、脚を後ろに引き上げる際の主動筋がハムストリングスで、拮抗筋が大腿四頭筋です。

ほかにも例を挙げると、肘を曲げる動作のとき、主動筋として働くのはいわゆる力こぶの部分にある上腕二頭筋。拮抗筋はその反対側にある上腕三頭筋です。

ある筋肉が収縮すると、相互作用によって伸びる筋肉があるのですが、この**主動筋と拮抗**

筋の筋力と柔軟性のバランスが崩れると、肉離れは起こりやすくなります。

肉離れが癖になるのは、バランスが崩れているのをそのままにしているから。根本を解決しないと、何度も繰り返すことになってしまうのです。

近年はトレーニングルームが設置されている学校も増え、筋トレに励む学生が多いようです。**ケガの予防には、柔軟性も欠かせない**ことを覚えておきましょう。

ケガをして練習を長期離脱するのはとても残念なことではありますが、ゆっくりと弱点補強に取り組むチャンスだと捉えましょう。**ケガをした部位を動かさなくても、できることはたくさんあるはず**です。体幹トレーニングに励んでもいいですし、じっくりとストレッチに取り組んで柔軟性を高めるのもいいでしょう。普段は時間をかけてできていなかったことに、入念に取り組めば、ケガをする前よりも強くなって練習に復帰することが可能です。私が担当してきた多くのトップアスリートたちも、リハビリが終わり、その後しっかりフィジカルトレーニングに取り組んだ結果、以前よりも強くなって戻ってくる選手はたくさんいます。

筋トレやストレッチ以外にもできることはあります。足をケガしていてもラケットを握ったり、ボールを触ったりすることはできます。毎日のように触れていれば、感覚が鈍ることを防ぐことができるでしょう。

「練習前の準備運動は何をすればいい？」

A　アキレス腱伸ばしなどの柔軟体操

B　ゆっくりとジョギング

心臓、筋肉、関節の準備をするのがウォーミングアップ（正解はB）

みなさんは、練習前の準備運動でどんなことをしているでしょうか。私たちトレーナーが考える「ウォーミングアップ」とは、競技を行うための体の準備をすることです。もう少し具体的に言うと、練習前に準備をしなければいけないのは、主に3つ。**心臓と筋肉と関節**です。普段の準備運動でこれらを意識できているでしょうか。

まず、心臓ですが、ウォーミングアップで段階的に心拍数を上げることで、激しい運動をするための準備ができます。ウォーミングアップをせずに、ダッシュなどの激しい運動を急に行うと、心臓に負担がかかるだけでなく、心肺機能の準備が不十分なため、体が動かしづらい、すぐに息が上がってしまうということが起こります。

次に筋肉。ウォーミングアップで筋肉を少しずつ動かしていくと、筋肉に流れる血液の量が増え、体の内部温度が高まります。筋肉への血流が増えると、酸素や体を動かすためのエネルギー源が筋肉に運ばれ、運動するための準備が整っていきます。そして、筋温が上昇すると筋肉の粘性が低下し、筋肉の動きがスムーズになっていきます。

筋肉の粘性が高い状態で激しく動くと、筋線維を傷つけるおそれがあり、肉離れなどのケガの発生率も高くなります。筋肉系のトラブルが多いという人は、ウォーミングアップが不足している可能性もあるので、ウォーミングアップを見直してみましょう。

骨と骨を繋ぐ連結部である関節は、関節包《かんせつほう》という袋状の組織に覆われています。関節包の中には、関節の動きをスムーズにする潤滑油にあたる滑液《かつえき》というものがあるのですが、この滑液が不十分だと関節の動きが鈍いので、体はスムーズに動いてくれませんし、ケガのリスクが高い状態とも言えます。

ウォーミングアップで関節を少しずつ動かしていくと、刺激を受けた筋肉の温度の上昇とともに、滑液の分泌が促進されます。すると、それまで粘度が高くドロドロとしていた関節包内の滑液がサラサラになり、関節の動きがスムーズになります。

心臓、筋肉、関節を運動に適した状態にするのがウォーミングアップです。この目的に適しているのは、**軽いジョギングやラジオ体操のような運動、そして動的なストレッチ**です。

ストレッチには、大きく分けて**動的（ダイナミック）ストレッチ**と、**静的（スタティック）**

ストレッチの2種類があります。動的ストレッチとは、同じ動きを一定回数繰り返して、筋肉や関節に適度な刺激を与える動きのこと。肩甲骨や股関節を回す動作が動的ストレッチにあたります。静的ストレッチとは、一定時間同じ姿勢を保って、静止した状態で筋肉を伸ばす運動のこと。前屈や開脚といった動作は静的ストレッチです。体の柔軟性の維持・向上に効果があるのはもちろん、運動後に硬く縮こまった筋肉を伸ばすためにも行います。

競技の試合会場や、マラソン大会などに行くと、準備運動として静的ストレッチをしている選手の姿を見かけることがあります。

静的ストレッチでは筋温はさほど上がりませんし、呼吸や心拍数は落ち着いた状態になります。その状態から一気に激しい運動を行うと、良いパフォーマンスができないどころか、場合によってはケガのリスクが高くなってしまいます。

ストレッチにまつわるよくある誤解が、腱や靭帯をグイグイと伸ばそうとするものです。〝アキレス腱伸ばし〟という言葉があるぐらい、悪い意味で浸透してしまっています。

腱は骨と筋肉を結びつけ、靭帯は骨と骨を繋いでいるもの。関節を安定させる線維の束で、筋肉のように伸び縮みしません。靭帯が伸びるというのは、捻挫ですからね。

肩甲骨回しや股関節回しなどの**動的ストレッチのポイントは、リズミカルに体を動かし、少し汗をかいたなと思うぐらい、何度も繰り返すこと。**各部位３、４回では不十分で、**最低でも20回を目安に**行ってください。トップアスリートたちは、ウォーミングアップの際、動的ストレッチに30〜60分は時間をかけています。それだけ、ケガを予防し練習や試合で高いパフォーマンスを発揮するには、動的ストレッチが有効だということです。

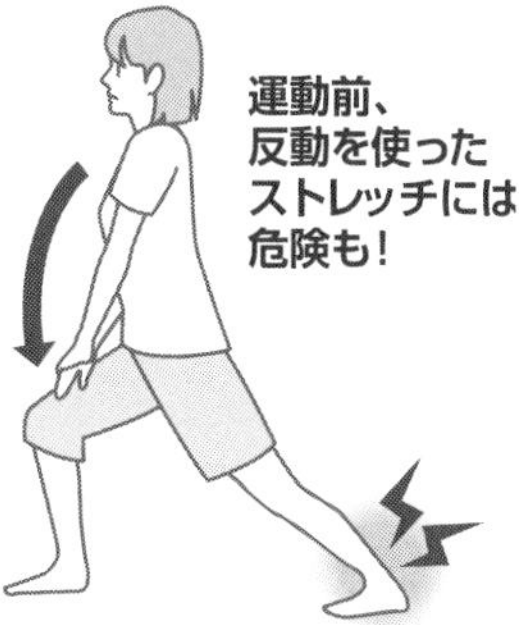

ストレッチでは**呼吸もとても重要**です。静的ストレッチでは息を吐きながら筋肉を伸ばしていき、静止してゆっくりと呼吸を続けますが、動的ストレッチでは、体の動きに合わせて自然な呼吸を繰り返します。

ストレッチ中に呼吸を止めてしまう傾向のある人がいますが、息を吸うことではなく、**吐くことに意識を集中**してみましょう。体を動かしながらリズム良く息を吐けば、自然に吸うことができるようになります。

また、静的ストレッチの場合は伸ばしている筋肉を意識することが大切ですが、動的ストレッチの場合は伸びている筋肉と反対側の収縮している筋肉も意識すると、ウォーミングアップがより効果的なものになります。

たとえば、膝の曲げ伸ばしのような動作をするとしましょう。膝を曲げるときには太ももの裏側にあるハムストリングスが収縮し、表側にある大腿四頭筋が伸びます。反対に膝を伸ばすときには大腿四頭筋が収縮し、ハムストリングスが伸びます。常にこの両方の筋肉を意識すると良いということです。

時折、「自分は静的なストレッチの準備運動だけでもケガをしたことがない」という人がいます。**ウォーミングアップの目的は、ケガのリスクを抑えることだけではありません。競技に必要な動作をスムーズにし、体への負担を小さくするという効果**があります。練習や試合で、自分のパフォーマンスを最大限に発揮するためにも、十分なウォーミングアップをした方がいいでしょう。

体の準備がしっかりとできた状態で練習に臨むことで、トレーニングの質が向上するはずですし、体をスムーズに動かせる方が、前向きな気持ちでトレーニングが行えるはずです。また、今までケガをしたことがなかったとしても、いつかケガをしたときに「ウォーミングアップを十分にやっておけば良かった」と後悔しないためにも、自分の体のことを過信しないようにしましょう。

もうかなり昔のことですが、私は学生時代に水泳の選手をしていました。もし、当時の自分に一つだけアドバイスをできるとしたら「もっとしっかりとウォーミングアップをしなさい」と厳しく伝えると思います。

もし、しっかりとウォーミングアップを行っていれば、合宿のときに脱落してしまった練習をやり切れたかもしれないし、選手選抜のときにライバル選手に抜かれてメドレーリレーのメンバーから外されなかったかもしれないし、絶対に負けたくない試合でタッチの差で負けることもなかったかもしれない。そんな思いがあるからです。

みなさんはそんな思いをしないよう、心臓と筋肉と関節の準備を整えてから、練習や試合に挑んでもらえたらと思います。

練習中や試合中に、**「快適に動ける」「動きがいいかも」といった感覚が得られたら、それは正しくウォーミングアップができた証拠**です。競技によって必要な動的ストレッチ、優先順位が高い動的ストレッチは異なりますし、適した時間や種目にも個人差があります。いろいろなやり方を試してみて、自分に合うウォーミングアップ方法を確立していきましょう。

「練習中の水分補給。どのくらいの頻度が理想的？」

A
10分に一口程度

B
1時間に1回
500ミリリットル程度

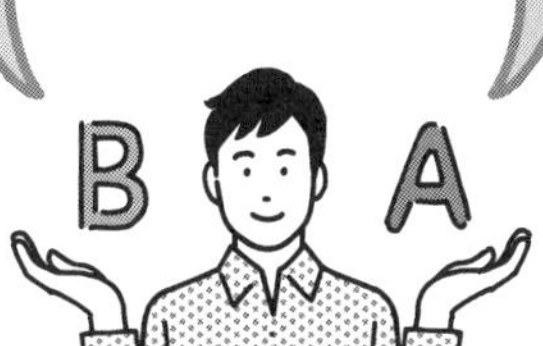

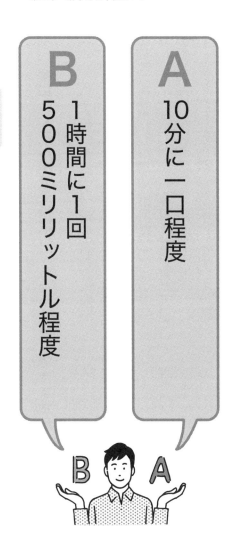

一度にたくさん水分を摂取しても上手く吸収できません（正解はA）

スポーツ選手にとって、運動中の水分補給が重要なことは、みなさんご存知だと思います。現在の中高生の子どもを持つ保護者の中には、部活動中の水分補給が禁止されていたなんていう世代の方もいるかもしれません。今から考えるととんでもなく恐ろしいことですよね。

部活動の練習中にしっかりと水分補給をすることは常識になりましたが、果たして補給する量は足りているでしょうか。**体の水分量が足りていないと、当然パフォーマンスに影響が出ます**。体内の水分量が減ると、血液がドロドロした状態になります。すると、血流が悪くなり、筋肉に送られる血液の量が減少します。その状態で体を動かすと、酸素やエネルギーを筋肉に届けるために、ポンプである心臓は心拍数を上げて血液を必死に送ろうとします。

心拍数が上がれば、息が上がり、苦しくなります。いつも通りの練習ができない、無理なペースで走っているわけじゃないのにキツいというときは、体が脱水症に陥っている可能性も考えられるのです。

脱水症とは体液が失われ、水分と電解質が不足している状態です。脱水症には、高張性脱水（体液の浸透圧が高くなるタイプ）、等張性脱水（体液の浸透圧が正常なタイプ）、低張性脱水（体液の浸透圧が低くなるタイプ）の3つがあります。

脱水になったときに水と電解質（主にナトリウム）のどちらが多く失われたかによって、どのタイプの脱水症になるかが変わります。電解質よりも水が多く失われ、体液の濃度が濃くなっている状態が**高張性脱水**。大量の発汗、水分補給の不足などによって起こります。運動中に喉の渇きを感じたら、大抵の場合、この高張性脱水を起こしています。電解質と水がほぼ同程度失われて起こるのが、**等張性脱水**です。下痢や嘔吐、出血などで一気に体液を失うと起こります。水よりも電解質が多く失われて、体液の濃度が薄くなるのが**低張性脱水**。運動中に水だけを補給し続ける習慣のある人が陥りやすいものです。水は補給しているため、喉の渇きをあまり感じないので、このタイプが最も危険と言えるかもしれません。電解質が失われるので、最初は倦怠感や疲労のような症状を感じ、痙攣《けいれん》に至るケースが多いのが、低張性脱水の特徴です。

水分摂取はとても大切なのですが、汗をかくと電解質も同時に失われるので、**体液が薄まらないように気をつけることも同じように重要**です。スポーツドリンクや経口補水液のようなバランスのとれた電解質が入った水分を補給する、塩飴を舐める、毎日最低でも一杯の味噌汁を飲む、といったことで、低張性脱水の予防ができます。

練習時の水分補給についての目安は、まず**練習の前に、スポーツドリンクや経口補水液を300ミリリットルほど補給**しておくこと。このとき、一気に300ミリリットルを飲み干すと吸収できないおそれがあるので、**30分程度かけて少しずつ補給**してください。運動中は、理想を言えば**10分に一口**程度、**最低でも20分に一回**は水分補給をしてください。気温、湿度、運動量によっても必要な量は異なりますし、個人差もあるので、参考として捉えてもらえたらと思います。いくら水分を補給しても、体が吸収できなければ意味がありません。一度に大量に摂るのではなく、こまめに少しずつの水分補給を心がけましょう。

運動後30分以内に尿が出ない、または尿の量が少ない、尿の色が濃い（黄色〜茶色）といった場合は、運動前・運動中の水分補給が足りていないと言えます。**運動後に明るい色・極薄い黄色・透明の尿が十分に出ていれば、水分が足りている**ということなので、それを水分補給の目安としてください。

暖かい季節は大量に発汗するので補給が追いつかなくなりがちで、寒い季節は発汗があるにもかかわらず水分補給を少なくしてしまいがちです。冬だからといって脱水症にならないわけではないので、注意しましょう。

「練習後のストレッチ。どんなときにやれば良い？」

A 疲労や硬さを感じたときにじっくりとやる

B 毎回の練習後にしっかりとやる

練習後の静的ストレッチを習慣にしてケガを予防（正解はB）

静的なストレッチは、練習の後、必ずやってほしいことの一つです。青山学院大学の駅伝チームでは、練習の最後に20～40分かけて全員で静的ストレッチをして、入浴後などにさらに各々で足りないと感じている部分や硬い部分のストレッチをしています。疲労や硬さを感じたときだけにやるのではなく、練習や試合の後の習慣として取り組んで、ケガに負けない体にしていきましょう。

筋肉は縮むことで力を発揮します。激しい運動や、筋力トレーニングをした後は、しばらく筋肉は縮んだ状態にあるのですが、ケアをせずに放置しておくと、筋肉の緊張が解除されず、疲労回復の遅れ、筋肉のコリやハリ、柔軟性の低下などに繋がります。練習後の静的ストレッチは、それらを防ぐ手段ということです。

また、練習後の静的ストレッチを習慣にしていると、自分の体の硬くなりやすい部位、昨日と今日のコンディションの差、左右差といったことに気がつけるようになります。**自分の体を知ることで、よりケアの質も高まっていく**でしょう。

練習後の静的ストレッチ、みなさんは正しくできているでしょうか。漠然とやっていてもあまり効果はありません。いくつかのポイントをお伝えします。

まず、静的ストレッチは、いわゆる〝**痛気持ちいい**〟**と感じるポイントまで伸ばしましょう**。単に気持ちいいと感じる程度だと伸ばし方が足りません。とはいえ、反動をつけてグイグイと伸ばそうとするのもＮＧです。筋肉には瞬間的に伸ばされると反射的に縮もうとして、緊張して硬くなる性質があるからです。これは伸張反射と呼ばれる体に備わった自己防衛反応です。

柔軟性アップのパート（41頁参照）でも書きましたが、筋肉の筋線維には筋紡錘というセンサーが備えられています。急激に伸ばそうとしたり、痛い、苦しいと感じるくらい強く伸ばそうとすると、筋紡錘が危険を察知し、筋肉に〝縮みなさい〟という指令が送られます。この状態では、いくら伸ばそうとしても筋肉は伸びてくれません。静かに、ゆっくりと、そして〝痛気持ちいい〟ポイントまで伸ばしていきましょう。

〝痛気持ちいい〟ポイントまで伸ばしたら、その**姿勢を30秒程度キープ**しましょう。みなさんは普段、しっかりと時間をかけた丁寧なストレッチができているでしょうか。一つの部位に対して５～10秒程度ストレッチをしたところで、効果はあまり期待できません。これも柔軟性アップのパートで触れましたが、筋肉の両端にある腱には、腱紡錘というセンサーが備わっています。筋肉を15秒以上伸ばし続けると、腱紡錘にスイッチが入り「もっと緩めなさい」という指令を出します。

15秒以上ストレッチをしていると、ふっと抵抗が緩んで、もう少し伸ばせる感覚を得られる瞬間がくるはずです。その感覚を感じてから、さらにじっくりとストレッチをすれば十分な効果が得られるでしょう。

呼吸を忘れないことも大切です。静的ストレッチでは、**ゆっくりと息を吐きながら伸ばしていき、姿勢をキープしている間は自然な呼吸を心がけてください。**息を止めながらストレッチをしている人がたまにいますが、呼吸を止めてしまうと筋肉から力が抜けませんし、血圧が上がってしまいます。

呼吸の際、吐く時間を長くするよう意識すると、自律神経の副交感神経が優位になり、脱力しやすくなります。短く浅い呼吸を繰り返していると、交感神経の方が優位になり、緊張が抜けにくくなってしまいます。

体の中のどこの部位を重点的にストレッチするべきか、という質問を受けることがあります。どの筋肉をたくさん使うかは競技によって違いますし、当然選手によって個人差があります。練習の内容によって酷使される部位も変わるでしょう。できれば、全身をストレッチしてほしいのですが、少なくとも硬くなりやすい部位やよく使う部位は、しっかりとストレッチしてもらえればと思います。

自分の体のどの部位が硬いのかを知っておくのは、とても大切なこと。柔軟性が足りなければ、ケガを予防するためにも柔軟性アップに取り組む必要があります。柔軟性チェックのテストを用意したので、試してみてください。

柔軟性チェック

反動をつけず、次頁の写真と同じ姿勢を３秒以上キープできるでしょうか。写真の姿勢まで伸ばせない、３秒キープできない場合は、柔軟性不足です。

①肩周辺

両手を背中側に回し、指先が軽く触れるか10センチメートルの距離まで近づける。左右を入れ替えて反対側もチェック。肩周りが硬くなると、腕を上げる動作がしづらくなる場合があります。

②お尻（大臀筋《だいでんきん》）

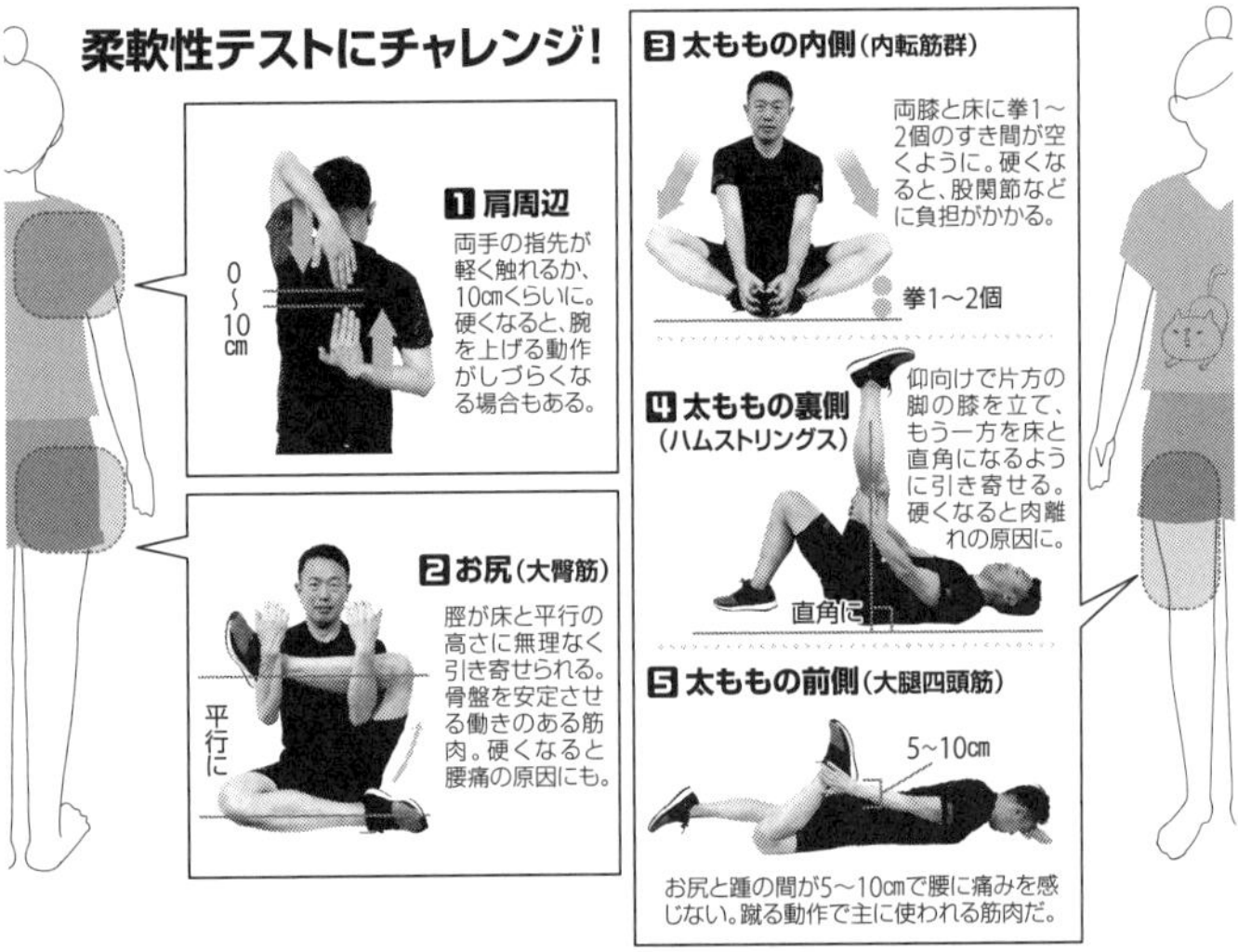

柔軟性テストにチャレンジ!
1 肩周辺
両手の指先が軽く触れるか、10㎝くらいに。硬くなると、腕を上げる動作がしづらくなる場合もある。

0〜10㎝
2 お尻（大臀筋）
脛が床と平行の高さに無理なく引き寄せられる。骨盤を安定させる働きのある筋肉。硬くなると腰痛の原因にも。

平行に
3 太ももの内側（内転筋群）
両膝と床に拳1〜2個のすき間が空くように。硬くなると、股関節などに負担がかかる。

拳1〜2個
4 太ももの裏側（ハムストリングス）
仰向けで片方の脚の膝を立て、もう一方を床と直角になるように引き寄せる。硬くなると肉離れの原因に。

直角に
5 太ももの前側（大腿四頭筋）
5〜10㎝
お尻と踵の間が5〜10㎝で腰に痛みを感じない。蹴る動作で主に使われる筋肉だ。

床に座り、両手で片脚を抱え、脛《すね》が床と平行になる高さまで持ち上げます。左右を入れ替えて反対側もチェック。大臀筋は骨盤を安定させる働きのある筋肉。硬くなると腰痛の原因にもなります。

③太ももの内側（内転筋群《ないてんきんぐん》）

床に座り、足の裏を合わせ両手で爪先をつかみ、踵《かかと》を少し体側に引き寄せます。両膝と床の間が拳1〜2個分になるまで、膝を床に近づけます。内転筋群が硬いと股関節などに負担がかかります。

④太ももの裏側（ハムストリングス）

床に仰向けになり、片方の膝を90度程度曲げます。両手を使い、反対側の脚を床と直角になるまで引き寄せます。左右を入れ替えて反対側もチェック。ハムストリングスの硬さは、肉離れの原因になります。

⑤太ももの前側（大腿四頭筋）

床にうつ伏せになります。片方の足首を同じ側の手でつかみ、お尻と踵の間が5〜10センチメートルになるまで引き寄せます。ポーズが取れても腰に痛みを感じるようなら柔軟性不足です。左右を入れ替えて反対側もチェック。

正しいやり方でストレッチを継続しているはずなのに、効果を感じない。そんな人は、ストレッチのやり方を変えてみましょう。たとえば太ももの裏側を伸ばすハムストリングスの静的ストレッチも、方法は一つではありません。体の柔らかさによって適したものが違ったりもします。いくつかの方法を試してみて、自分が最も伸び感を得られるストレッチを続けてみましょう。

また、胸の筋肉の大胸筋、背中の筋肉の僧帽筋《そうぼうきん》、太ももの表側の大腿四頭筋、太ももの裏側のハムストリングス、ふくらはぎの下腿三頭筋といった大きな筋肉は、1部位1方向だけでなく、**少なくとも3方向に伸ばす**ことを心がけましょう。

大胸筋や僧帽筋は上部・中部・下部に分けられている筋肉です。そして大腿四頭筋は大腿

ハムストリングスの静的ストレッチ

直筋・外側広筋《がいそくこうきん》・内側広筋・中間広筋という4つの筋肉、ハムストリングスは大腿二頭筋・半腱様筋《はんけんようきん》・半膜様筋という3つの筋肉、下腿三頭筋は腓腹筋《ひふくきん》・ヒラメ筋という2つの筋肉の集まりです。

1方向だけのストレッチだと、大きな筋肉の一部分だけしか伸ばせなかったり、筋肉の集まりの中の特定の筋肉しか伸ばせなかったりするのです。これではなかなか効果を実感できません。代表的なものとして、ハムストリングスの静的ストレッチを紹介しておくので、参考にしてください。

ハムストリングスの静的ストレッチ

①椅子に座り、片脚を前方に伸ばして踵を床につけます。膝は軽く曲げます。
②息を吐きながら上体を前方に倒し、両手で足をつかんだ姿勢で30秒キープします。
③爪先の方向を内側、外側に変えて同じように伸ばします。爪先を3方向に変えることでハムストリングス全体を伸ばすことができます。

「練習後に栄養補給はするべき？」

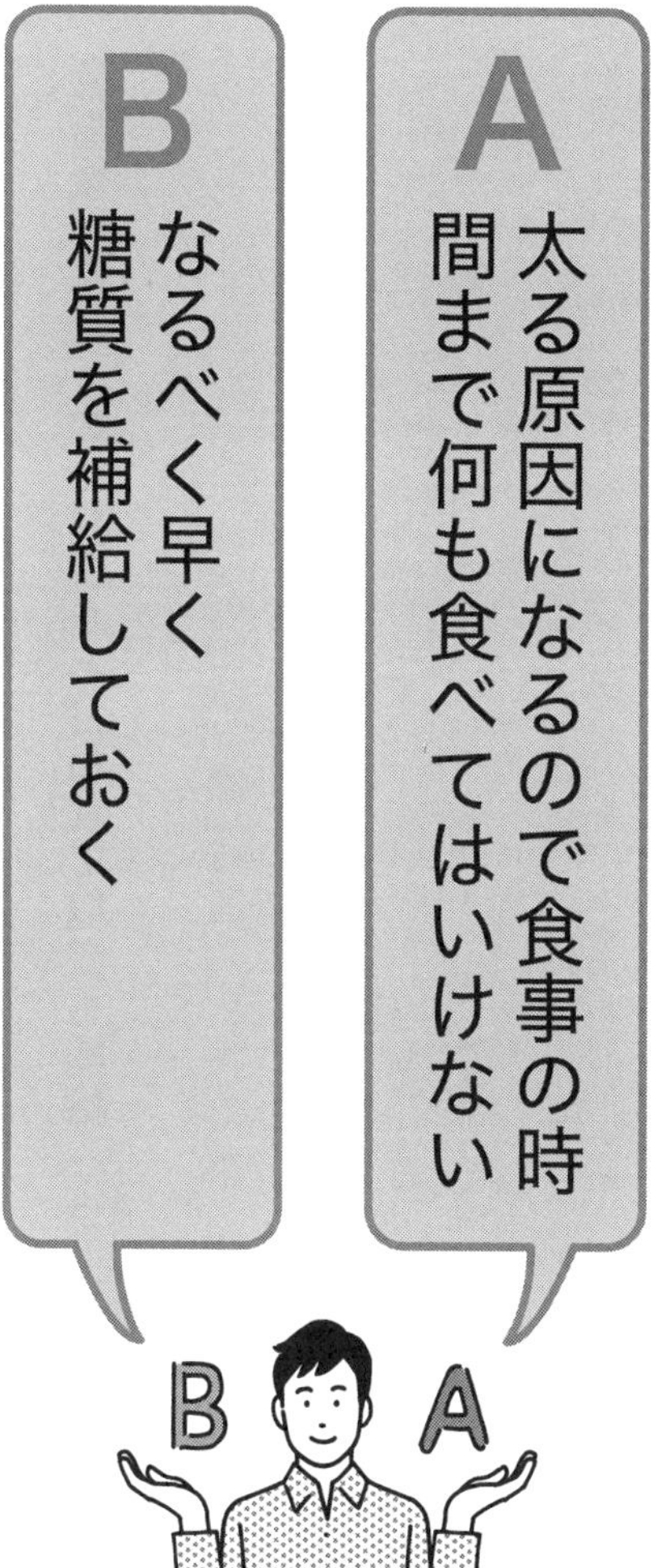
A
太る原因になるので食事の時間まで何も食べてはいけない
B
なるべく早く糖質を補給しておく
B
A

練習後は水分・ナトリウムと合わせて糖質も補給（正解はB）

強度の高いトレーニングや、長時間に及ぶ練習をすると、疲れて体が思うように動いてくれないことがあります。「体が動かないのは乳酸が溜まっているからだ」というのは間違いで、疲労困憊で体が動かなくなるのは、エネルギー源である糖が体内から失われてしまっているからです。体のリカバリーのことを考えても、失われたものは速やかに補給しておく必要があります。水分、ナトリウムと合わせて、おにぎりなどで糖質を補給しておきましょう。

長い間、乳酸＝疲労物質とされていたので、今でもそう信じている人がいますが、**乳酸そのものは疲労物質ではありません**。

筋肉を動かすためのエネルギーは、筋肉に蓄えられている糖の一種である筋グリコーゲン。筋グリコーゲンを分解してＡＴＰ（アデノシン三リン酸）を生み出すのですが、その分解の過程で乳酸も生まれます。そこで生まれた乳酸は、エネルギー源として再利用されます。激しい運動をすると筋肉内に一時的に乳酸が蓄積するため、長く疲労物質だとされていましたが、現在はそうでないことが証明されています。

筋肉を動かすには筋グリコーゲンが必要不可欠で、強度の高い運動では糖が優先的にエネルギー源として使われます。基本的に、体内の糖の量は一定に保たれるようになっていて、糖をたくさん摂取したからといって体の容量を超えて蓄積することはできません。運動をして補給しなければ、ガス欠になるということです。

体内に糖を溜め込んでおくのは基本的にできないと書いたばかりですが、実は**トレーニング後の栄養補給によって、筋肉内のグリコーゲン量をある程度まで増やすことができます。**筋肉内のグリコーゲン量を増やせれば、試合の終盤になっても筋肉を動かすためのエネルギーが残っている状態を作り出せます。

では、どのようにして筋肉内のグリコーゲンを増やすのかを説明しましょう。まずは、糖を消費する高強度のトレーニングを行います。そして、**体内の糖が枯渇している状態になった練習直後に、高糖質のものを摂取**します。これを繰り返し行うと、少しずつですが、筋肉内のグリコーゲン貯蔵量を増やすことができるのです。

高強度のトレーニング後、30分以内に糖質を摂取した方が、2時間後に摂取するよりもグリコーゲン貯蔵レベルが高くなるという研究報告があるので、なるべく早く高糖質のものを食べると良いでしょう。糖質が多めに入っている、エネルギー系ゼリー飲料でも構いません。

また、体のリカバリーのことを考慮すると、**練習後の2時間以内に食事をする**ことが理想です。ちなみに、青山学院大学の駅伝チームではこれが徹底されています。

学校から自宅が遠かったりすると、難しい場合があるかもしれませんが、なるべく2時間以内に食事をすること、それができないときは補食などを摂って、空腹の状態が長く続かないようにしてください。もちろん食事は糖質だけに偏らないようにし、タンパク質、脂質、ビタミン、ミネラルをバランスよく摂取しましょう。

「部活用のシューズ選び、正しいのはどっち?」

A
足の成長のことを考えて大きめを選ぶ

B
きついシューズの方が良いパフォーマンスが出せる

シューズは常にジャストサイズを履きましょう（どちらも不正解）

柔道やレスリング、水泳といった一部を除き、運動部の部活生にとってシューズは欠かせないものです。部活動によっては、練習用のシューズと試合用のシューズといった具合に複数用意する必要があったりもします。スポーツとシューズは密接な関係にあるからこそ、サイズ選びはとても重要。部活生は成長期の真っ盛りなので、足のサイズも大きくなるタイミングです。すぐに足が大きくなってしまうからと、大きめのシューズを履かせている保護者の方がいますが、**フィットしていないシューズでスポーツをするのはトラブルの元**です。

大きめのサイズのシューズを履いてスポーツをしていると、運動中に足が動いて指先が何度もシューズにぶつかり、爪の下に血豆ができてしまいます。これは爪下血腫《そうかけっしゅ》と呼ばれるもの。痛みや腫れを伴うだけでなく、場合によっては爪が剥がれ落ちてしまうこともあります。まだシューズが壊れたわけじゃないからと、小さいシューズを我慢して履くのも間違いです。小さ過ぎるシューズを履くのも同じように爪下血腫の原因になります。

また、足の小指が変形する内反小趾《ないはんしょうし》や、親指が変形する外反母趾《がいはんぼし》、足の指が曲がったままになってしまう屈趾症《くっししょう》なども窮屈なシューズを履き続けることによって起こるものです。

これらのケガは足に痛みが出るだけでなく、指が上手く使えなくなることで、体のバランスを崩すことにも繋がります。その結果、さまざまなトラブルの原因にもなり得ます。不良姿勢や腰痛、O脚・X脚などが、元を辿ると足の変形に起因していたものだった、ということもあるのです。足が大きくなっているということは、**骨が成長途中で柔らかく、大人に比べて変形もしやすいので特に注意が必要**です。

そもそもランニングシューズにせよ、サッカースパイクにせよ、テニスシューズにせよ、履く人が適切なサイズを選ぶことを前提として作られています。スパイクにつけられたポイント、シューズのアウトソールに設けられた屈曲溝、シューズの捻れを防ぐためのプレートなどは、どれも各メーカーが計算に計算を重ねて位置を決めています。

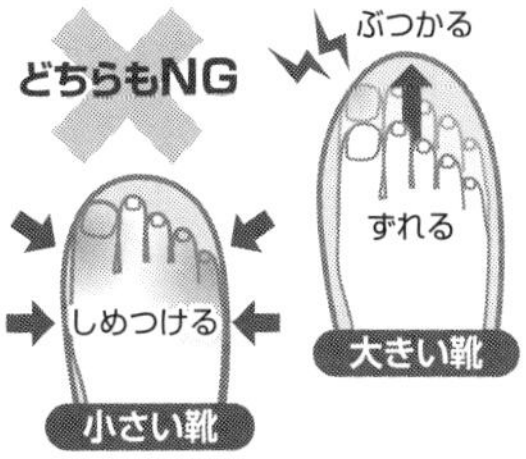
どちらもNG
ぶつかる
ずれる
大きい靴
しめつける
小さい靴

適切なサイズのものを履いていなければ、シューズの機能が正しく発揮されないばかりか、逆に負担になってしまうこともあるでしょう。

スパイクのポイントや、シューズのソールがかなり削れているのにもかかわらず、履き続けるのも避けてほしいことです。体の使い方や競技によって、内側が削れやすい、外側が削れやすい、踵が削れやすいといったことがあるかと思います。極端にどこかが削れているシューズを履き続けると、**動きの癖が助長されてしまう**こともありますし、バランスを崩して捻挫などのリスクが高くなってしまいます。癖が酷くなると、それに適応した筋肉がついてしまい、**体の歪みの原因**になります。成長期の子どもであれば骨が変形する可能性もあるので、これも注意が必要です。

履き続けて消耗するのは靴底だけではありません。足を包んでいるアッパーの部分も、徐々に強度が落ちたり、素材が伸びてきたりします。穴が空いていなければ大丈夫というわけではありません。シューズのアッパーには、常に足が靴の上に乗っているように支える役割があります。特にテニスや卓球のような横への動きが多いスポーツを行う際には、アッパーのサポート性能が非常に重要です。アッパーの素材が劣化してサポート性能を失うと、横の動きをしたときに小指の骨に大きな負担がかかります。足の小指、中足骨《ちゅうそくこつ》の疲労骨折のリスクが高くなってしまうのです。

専門店の店員に相談しながら常に自分にあったサイズのシューズを履き、消耗したり成長してサイズが変わったりしたら新しいものにする。シューズと正しく付き合ってケガのリスクを小さくしましょう。

「中高生の部活動にサングラスは必要？」

A
プロのアスリートではないので必要ない

B
体を守るための道具は積極的に使うべき

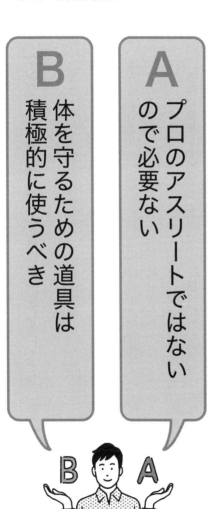

サングラスを有効に使って貧血対策をしましょう（正解はB）

みなさんは、夏に海水浴に行くとき、どんな準備をしているでしょうか。日焼け止めを塗って、ツバの大きな帽子を被り、サングラスをかけているという人が多いかと思います。紫外線カット効果のあるウェアまで着用して、まさに完全防備といった状態で海水浴に向かう人もいるかもしれません。海水浴に限らず、日常生活で日焼け止めや帽子、サングラスを活用しているのは、紫外線によるダメージから体を守りたいという気持ちがあるからだと思います。人は、骨を強くするのに欠かせないビタミンDを、日光を浴びた皮下で作り出しているので、**適度に日差しを浴びることはとても大切**です。しかし、紫外線の浴び過ぎはみなさんがご存知の通り、体にダメージを与えます。

長年にわたって紫外線を浴びるとシミやシワの原因になるのですが、**深刻なダメージを受けやすいのは、実は眼**です。眼は、紫外線に対して皮膚などのガードがなく、剝《む》き出しになっている臓器です。ある程度の紫外線は眼球表面の角膜で吸収されるのですが、角膜を通過して、レンズの役割をしている水晶体や、その奥の網膜まで到達することもあります。その結果、紫外線角膜炎、翼状片《よくじょうへん》、白内障などを引き起こします。

サングラスは、紫外線から眼を守るのにとても有効な道具です。サングラスをつけていると、日本では何故かカッコつけているとか、生意気そうに見えるとか、子どもらしくないなどと言われがちですが、**子どもこそ積極的にサングラスを活用するべき**でしょう。WHO（世界保健機関）も「子どもは紫外線による健康被害を受けやすい」として、サングラスや帽子、日焼け止めを使うよう呼びかけています。

また、スポーツ選手にとっては体のコンディション維持のためにも、サングラスは欠かせないものです。健康維持のためには、さまざまな栄養素をバランスよく摂取する必要があります。当然、**ビタミンC**も大切なもの。特に運動部で体を動かしている学生には、不足しないよう気をつけてほしい栄養素の一つです。

ビタミンCは、主に3つの場所で大量に必要になります。まずは副腎《ふくじん》。副腎はコレステロールを原料とし、コルチゾール、男性・女性ホルモン、アドレナリン、ノルアドレナリンといった、生命維持に欠かせないホルモンを作る重要な仕事をしています。そしてこのホルモンを作る過程で、多くのビタミンCを消費します。コルチゾールには血糖値を上げる、血圧を高める、代謝の制御、炎症の抑制といった働きがありますが、体を肉体的・精神的なスト

アイテム

レスから守るという役目もあります。ハードな練習で体を追い込んだときや、試合やテストなどの緊張を強いられる場面では副腎がコルチゾールを大量に作らなければいけないのですが、そのためにはもちろんビタミンCが欠かせません。

体外から侵入してきたウイルスや細菌を除去し、病気になるのを防いでくれる免疫の維持にもビタミンCが必要です。ビタミンC不足の状態は、風邪などの感染症に罹患しやすいということです。

そして、紫外線にさらされている眼を守るためにもビタミンCが必要になります。ビタミンCを十分に摂取できている人は白内障のリスクが小さいと言われていますが、不足すればそのリスクが高くなることになります。**サングラスをしないということは、眼で大量にビタミンCが消費される可能性がある**ということです。そうすると副腎や免疫でビタミンCが不足し、ストレスから体を守れない、免疫が上手く働かないといったことに繋がってしまいます。反対に、体が強いストレスにさらされていると、眼を守るためのビタミンCが足りないということも起こるでしょう。また、鉄の吸収にもビタミンCは欠かせません。ビタミンCが不足すると、いくら鉄を摂取していても、鉄欠乏性貧血になってしまうことがあります。

部活中にサングラスを積極的に使うべき理由がわかっていただけたでしょうか。

「寒い日のウェア選び。有効なのはどっち？」

A　薄手のダウンベストを重ね着する

B　靴下や手袋を二枚重ねにする

体の末端ではなく中心部を温めましょう（正解はA）

私たちの体は自律神経の働きによって、常に37℃前後の体温に保たれています。寒い冬、気温が氷点下になるような環境で体温を保っていられるのは、自分自身で熱を生み出し、体温が一定になるようにコントロールしているからです。

この**熱を生み出す作業に最も貢献しているのが筋肉**です。体内の熱産生の6割を担っていて、残りの2割が肝臓や腎臓、2割は褐色脂肪細胞だと言われています。筋肉量が多い人は熱を生み出す力が高いと言えますし、じっとしているよりも体を動かした方が暖かくなるのは、体を動かすことで熱が生まれるからです。

また、**人間の体は中心部にいくほど温度が高く安定**しています。手足などの末端や、皮膚などの表面よりも体の中心部が優先されるのは、**脳や心臓など生命維持に不可欠な臓器の働きを保つため**です。この体の中心部の安定した温度は、**中核温**と呼ばれています。中核温を保つためにはたくさんの血液が必要になります。女性には子宮がある分、男性よりも温めるべき部分が多いため、外気温が下がるとより中心部に血液が集中し、手足の先まで血液が届きにくくなります。男性よりも女性の方が冷えを感じやすい傾向があるのはそのためです。寒い季節に練習をしているとき、手足が冷たくなるのは、中核温の維持のために血液が体の中心部に集中しているからです。冬山に挑んだ登山家が凍傷になるのも理屈は同じ。命を落とさないために、中核温の維持が優先された結果なのです。

つまり、**中核温が十分に維持できていなければ、いつまで経っても手足は冷たいまま。**体の末端の方は血流が悪いので、体もあまり動いてくれません。ですから、ウェアを上手く活用して中核温のキープをサポートしてあげましょう。

体の中心部を温めるのに有効なのは、ダウンベストや腹巻き。薄手のものなら、体の動きを妨げることはありませんし、運動中に熱がこもり過ぎるということも少ないでしょう。そして、**頭部を温かく保つには帽子が有効**です。普段のトレーニングウェアにダウンベストを重ねてニット帽を被る。これだけでかなり寒さ対策ができるはずです。手足が冷えるからといって、靴下や手袋を二枚重ねにする人がいますが、解決策としてあまり有効ではありません。場合によっては、血流を妨げることもあります。カイロを使って温める場合も同様です。温かいものに触れていたいからか、ついつい手に持ったままにしてしまいがちですが、中核温を上げることを考えるのであれば、上着のポケットなどに入れておく方が有効でしょう。

アイテム

トレーニングのパートで、雨の日や寒い日に慣れる必要があると書きましたが、**体が冷え過ぎるとパフォーマンスが下がり練習の質が低下**してしまいますし、ケガをするリスクが高くなってしまいます。ウェアを上手く活用して、対策をしましょう。

たとえば雨や雪が降っているとき、頭部が濡れて冷えると、中核温の維持のために脳に血液を送ろうとします。雨に打たれている間は冷え続けているわけですから、脳に血液を送るためにたくさんのエネルギーが消費されることになります。その結果、練習後に強い疲労感が残ってしまいます。防水性のある帽子を活用すれば、エネルギー消費を抑えることができ、その分、質の高い練習ができるでしょう。ただし、雨合羽のように通気性のないものだと、熱がこもってしまい、たとえ雨天だろうと熱中症の危険が出てくるので注意してください。

寒い日は、いつも以上にウォーミングアップをしっかりと行うことも大切です。気温が高い日と低い日を比べたら、どうしても気温が低い日の方が体が温まりにくいものです。体が温まりにくいなと感じたら、動的ストレッチの1種目ごとの回数を増やしたり、ジョギングの時間を長くしたりするなどの工夫をしてみましょう。

寒いシーズンになるとケガをしてしまう、パフォーマンスが落ちるという人は、ウェア選びやウォーミングアップのやり方を見直してみてください。

「屋内で行う部活動も熱中症対策は必要？」

A
もちろん必要。冬だって熱中症のリスクはある

B
対策が必要なのは強い日差しの中で行う部活動のみ

屋外の運動じゃなくても熱中症のリスクはあります（正解はA）

熱中症とは、体内の水分や電解質の減少、血流が滞るなどして、体温調節が上手くいかず、高体温となって重要な臓器にトラブルが起こり発症する健康障害の総称です。

熱中症は、熱失神、熱痙攣、熱疲労、熱射病の４つに分類されています。人間の体は体温が上がると放熱のために皮膚の血管を拡張して、皮膚への血流量を増やします。このことによって血圧が低下し、脳への血流が減少することで発生するのが**熱失神**です。熱失神の症状には、めまいや立ちくらみ、顔の異常なほてり、顔面蒼白などがあり、場合によっては気を失ってしまうこともあります。

発汗量が急激に増えると、体内の水分と電解質が一気に失われます。このとき、水分ばかりを補給していると、血液中のナトリウム濃度が低下し、筋肉の痙攣、手足のしびれなどを起こします。これが熱痙攣です。

発汗による脱水と、皮膚血管の拡張による循環不全が起こっている状態が**熱疲労**。脱力感、倦怠感、めまい、頭痛、吐き気といった症状がみられます。

熱疲労の状態が進行し、過度に体温が上昇し、中枢機能に異常をきたした状態が**熱射病**。呼びかけや刺激への反応が鈍い、言葉が不明瞭といった症状があらわれ、さらに進行すると昏睡状態に陥ることがあり、死の危険性もある緊急事態です。

少しでも熱中症の症状が出たら、速やかに涼しい場所に移動、衣類を緩める、十分な水分と電解質の補給、氷や冷水を使って体を冷やすといった処置をしてください。呼びかけへの応答がないときは、すぐに救急車を呼びましょう。

人間の体には、体温が上がっても発汗や皮膚温度の上昇によって熱を逃がすという機能が備わっています。暑さによって、その機能が上手く働かなくなると熱中症を引き起こすのですが、**環境、体のコンディション、行動に気を配ることで、熱中症のリスクを小さくする**ことが可能です。練習や試合をする日が熱中症のリスクが高い日かどうかを知ることも、熱中症対策として重要でしょう。

環境省の「熱中症予防情報サイト」には、熱中症予防運動指針というものが掲載されています。それによると、気温35℃以上・WBGT（暑さ指数）31以上は、運動は原則中止。気温31〜35℃・WBGT28〜31は厳重警戒。熱中症の危険性が高いので、激しい運動や持久走など、体温が上昇しやすい運動は避ける。10〜20分おきに休憩をとり、水分・塩分の補給を行う。気温28～31℃・ＷＢＧＴ25～28は警戒。熱中症の危険が増すので、積極的に休憩をとり適宜、水分・塩分を補給する。激しい運動では、30分おきくらいに休憩をとる。気温24～28℃・ＷＢＧＴ21～25は注意。熱中症による死亡事故が発生する可能性がある。熱中症の兆候に注意するとともに、運動の合間に積極的に水分・塩分を補給する、とあります。ぜひ、参考にしましょう。

熱中症予防の温度指標には、暑さ指数とも呼ばれるＷＢＧＴ（Wet Bulb Globe Temperature）が用いられることがあるのですが、ＷＢＧＴとは、気温、湿度、日射・輻射（グラウンドからの日差しの照り返しなど）熱の３つを計測して算出されるものです。このＷＢＧＴについては、環境省の「熱中症予防情報サイト」で各地の数値（春～秋にかけて）がチェックできるので参考にしましょう。ＷＢＧＴ計測機は市販されてもいます。

もちろん、屋内スポーツも熱中症と無縁ではありません。日差しはないものの、**屋内は熱がこもりやすいので、エアコンが利用できるなら利用する、窓や扉を開けて風通しを良くするといった工夫が大切**です。

空調や風が競技に影響するバドミントンなど、体育館を閉め切って行わなければならないスポーツはかなりの注意が必要でしょう。

体調への配慮も重要です。寝不足、疲労、肥満、過度な減量は熱中症のリスクを高めるとされています。もちろん発熱や下痢といった症状があるときは、練習を休んで安静にしていなければいけません。無理をしないことが大切です。また、体が暑さに慣れていないと、熱中症のリスクは高くなります。暑くなり始める初夏、湿度が上がる梅雨入りのタイミング、そして一気に気温が高まる梅雨明けといった季節の変わり目は、特に気をつけましょう。

こまめな水分・電解質の摂取、適度な休憩以外にも部活動中にできる熱中症対策はあります。その一つが**ウェア選び**です。吸汗速乾性に優れた素材のものを選べば、ウェアと体の間に熱がこもるのを防いでくれます。帽子を被って頭部を直射日光から守るのも、有効な対策です。

休憩中に水や氷で体を冷やすのも良いでしょう。首や脇などを冷却するのも良いですが、おすすめは**手のひらを水で冷やす**ことです。

手のひらにはＡＶＡ（Arteriovenous Anastomoses：動・静脈吻合《ふんごう》）と呼ばれる血管が通っています。ＡＶＡは、体温調節を仕事としている血管で、動脈と静脈をバイパスのように結んでいます。体温が上がってくると、このバイパスが拡張し、熱が逃げやすい末端に血液を運びます。反対に体温が下がってくると、ＡＶＡは収縮し、末梢への血流を減らし、そこから熱が逃げるのを防ぎます。体の中心部の体温、中核温を維持するために、ＡＶＡが閉じられるということです。

外気温が高く、体温が上がってくるとＡＶＡは拡張します。このとき、手のひらを冷やすと効率よく熱を逃がして体温を下げられるというわけです。**首や脇よりもＡＶＡがある手足を冷やした方が、効率的に体温が下がる**という研究報告もあります。

手のひらを冷やす際、気をつけるのは冷た過ぎるものを使わないということ。冷刺激が強過ぎると、ＡＶＡが収縮してしまうからです。血管収縮を発生させず、効率よく体温低下に結びつく温度帯は12〜15℃だとされています。

水を入れたバケツに手を入れる、水を入れて冷やしておいたペットボトルを握るぐらいが適切です。最近はこのＡＶＡに注目して作られた、手のひらを冷やすための蓄冷剤も販売されています。

暑い日は無理をしない。体調が悪いときは練習を休む。こまめに水分と電解質を補給する。帽子や機能的なウェアを活用する。休憩をこまめにして体を冷やす。これらを徹底することで、熱中症のリスクはかなり小さくできるはずです。

「ケガ明けの選手に対する正しい声のかけ方は？」

A　こまめに痛みがないかを確認する

B　ケガや痛みの話はしないようにする

痛くないかと確認し過ぎるとますます痛みを忘れられなくなります（正解はB）

ケガから復帰してリハビリを開始したとき、リハビリを終えて通常練習に復帰したとき、痛みを訴えて練習を途中で切り上げた次の練習日、故障した部位に痛みが出ないかどうかは、本人も周囲もとても気になるところです。

たとえばその選手が膝をケガしていたとすれば、監督やコーチは「今日は膝の調子はどうだ？」とか「このプレーのときは膝に痛みが出ないか？」などと聞きたくなるものですし、保護者の方も「その後、膝は大丈夫？」「膝のケアはしっかりした？」などと声をかけたくなるでしょう。

しかし、何度も膝の痛みの話を繰り返されると、**痛みの記憶が脳に定着**してしまい、そこから抜け出せなくなってしまう可能性があるので注意が必要です。

痛みは、実際にそこになくても感じてしまうものです。たとえば映画で人が殴られるシーンを見ると自分も殴られたような感覚を覚えたり、スポーツ観戦をしていて転倒や接触があると自分まで痛くなったような気がしたりした経験はないでしょうか。

または、自分が大きなケガをしたときの記憶が時折フラッシュバックして、ふとその部位に痛みを覚えたことはないでしょうか。もう完治したはずなのに、久々に運動を再開して、〝古傷が痛む〟と感じた経験がある人もいるでしょう。

痛みと記憶というのは、想像以上に強い結びつきがあるものなのです。

私もトレーナーの仕事をしていますから、選手のケガの状態はとても気になります。ときには選手以上に気になってしまっていることもあると思います。しかし、気になるからといって「ケガはどう？」「今日は大丈夫？」と声をかけ続けることは、選手にとってプラスにならないので、そういった声がけはしないようになりました。

「自分は膝に問題を抱えている選手」「膝にケガをしたことがある選手」という記憶を刷り込まないように、周囲の人は注意してください。

「肘や膝のスポーツ障害を防ぐには？」

A　一つの競技にこだわり過ぎないようにする

B　同じ動作の繰り返しをなるべく避ける

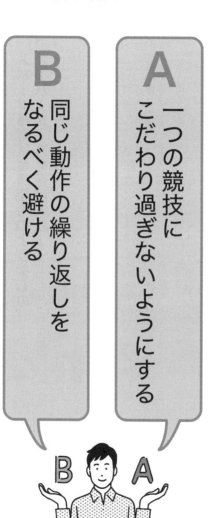

スポーツ障害は金属疲労のようなもの。オーバーユースを避けましょう（どちらも正解）

スポーツの現場で起こる障害は、一定の動作の繰り返しによって、特定の部位が酷使されることで起こります。投球動作を繰り返すことで引き起こされる野球肘、ラケットでボールを打つことの繰り返しで起きるテニス肘がその代表例で、成長期年代ではオスグッド病と呼ばれる膝の障害も多くみられます。また、一定の動作の繰り返しは疲労骨折の原因にもなります。

ウォーミングアップ不足や柔軟性不足、フォームの悪さなどもスポーツ障害の一因にはなりますが、**基本的にはオーバーユース、酷使が原因**です。フォームが美しく、ウォーミングアップや練習後のケアを十分にやっているトップアスリートでさえ、肘や膝のスポーツ障害を起こすことからも、オーバーユースの危険性を想像してもらえるかと思います。特に体が大きく成長する年代は、骨がまだ柔らかく、過度な負荷をかけ続けると、骨が変形してしまう可能性があります。

骨の成長が止まる年齢には個人差がありますが、肩関節周辺の骨は18～21歳、肘関節周辺の骨は14～18歳、膝関節周辺の骨は16～21歳、股関節周辺の骨は16～20歳とされています。骨の成長が止まり、**骨格が安定するまでは慎重にトレーニングをしなければいけません。**

以前、中学・高校のテニス大会に呼んでいただき、スポーツ障害についての解説をしたり、相談室を開いたりしたことがあります。相談室のテントに生徒たちの行列ができた光景を今でも鮮明に覚えています。多くの生徒たちが肩や肘に強い痛みを抱え、骨格形成不良を起こしている子もいました。私はドクターではないので、スポーツ障害の治療をしてあげることはできません。予防のためのトレーニングやストレッチを伝えるための相談室だったのですが、あまりにも多くの生徒がスポーツ障害を抱えているのを目の当たりにし、切なくつらい気持ちになりました。

繰り返しになりますが、**スポーツ障害の大きな要因は、一定の動作の繰り返しによって特定の部位が酷使されること**です。つまり、これをなるべく控えることが最大の予防になると言えます。野球で言えば、ひたすら投球を繰り返す、延々と素振りをするといった練習はスポーツ障害に繋がります。テニスなら強いボールを打ち返す練習や、サーブ練習を過度に繰り返せば肘を痛めてしまうでしょう。

サッカー、バスケットボール、バレーボールなど、ダッシュやジャンプ動作が多い競技は、オスグッド病を起こしやすいものです。ダッシュやジャンプ動作を含む練習の量は、監督やコーチがコントロールする必要があるでしょう。

今ではオスグッド病のリスクが高く危険なことが認知されているウサギ跳びを練習に取り入れている部活はないと信じたいですが、腕立て伏せ500回、腹筋運動1000回、グラウンド100周といった、**ただただ体に負担をかけるだけの練習も絶対にやめましょう**。闇雲に回数をこなしても強くなるわけではありませんし、スポーツ障害を引き起こす原因になります。

一つの競技をやり込むと、どうしても特定の部位が酷使されがちです。たとえば、小学生のうちは野球やサッカーばかりに専念せずに、水泳や体操などの左右対称な動きが多いスポーツにも取り組むようにする。夏は野球やサッカーなどの屋外スポーツをやって、冬はバスケットボールなどの屋内スポーツや、スキー・スノーボードなどを楽しむといった方法はとてもおすすめです。**一つの競技に特化しないことで、スポーツ障害のリスクを小さくできますし、さまざまな運動能力を鍛えることができます。**

一つの競技に集中するなと言われても、「上達するにはやり込む必要がある」「中学校・高校の部活動で兼部するのは難しい」という意見もあるでしょう。

しかし、**練習の中に、他のスポーツを取り入れる**ことはできるはずです。たとえば多くのスポーツで心肺機能は重要ですが、その鍛え方にはさまざまな方法があります。テニスなら テニス、サッカーならサッカーの練習で追い込んだり、走ったりして鍛えることが多いと思いますが、自転車や水泳、クロスカントリースキーでも心肺機能のトレーニングをすることができます。サッカーの練習をした後に走って心肺機能を高めようとすると、膝への負担は大きくなります。それを自転車や水泳、クロスカントリーなどに置き換えれば、膝への負担を減らすことができるでしょう。

プロのアスリートも、オフシーズンのトレーニングに別の競技を取り入れたりしています。

体に良い刺激になりますし、気分転換の要素もあるでしょう。青山学院大学の駅伝チームでもダンスをトレーニングに取り入れています。いろいろな体の使い方を覚えられてパフォーマンスアップに繋がりますし、ケガの予防にもなるからです。

監督やコーチはオーバーユースにならないよう、練習メニューに気を配る必要がありますし、**練習量を制限するのも保護者を含む大人たちの役目**だと思います。

試合に負けたとき、レギュラーから外されたとき、負けず嫌いな子や真面目な子はハードに練習をやりたがるかもしれません。練習への意欲は優先してあげたいところですが、ある程度コントロールする必要があるでしょう。

「オーバートレーニング症候群は兆候がわかる?」

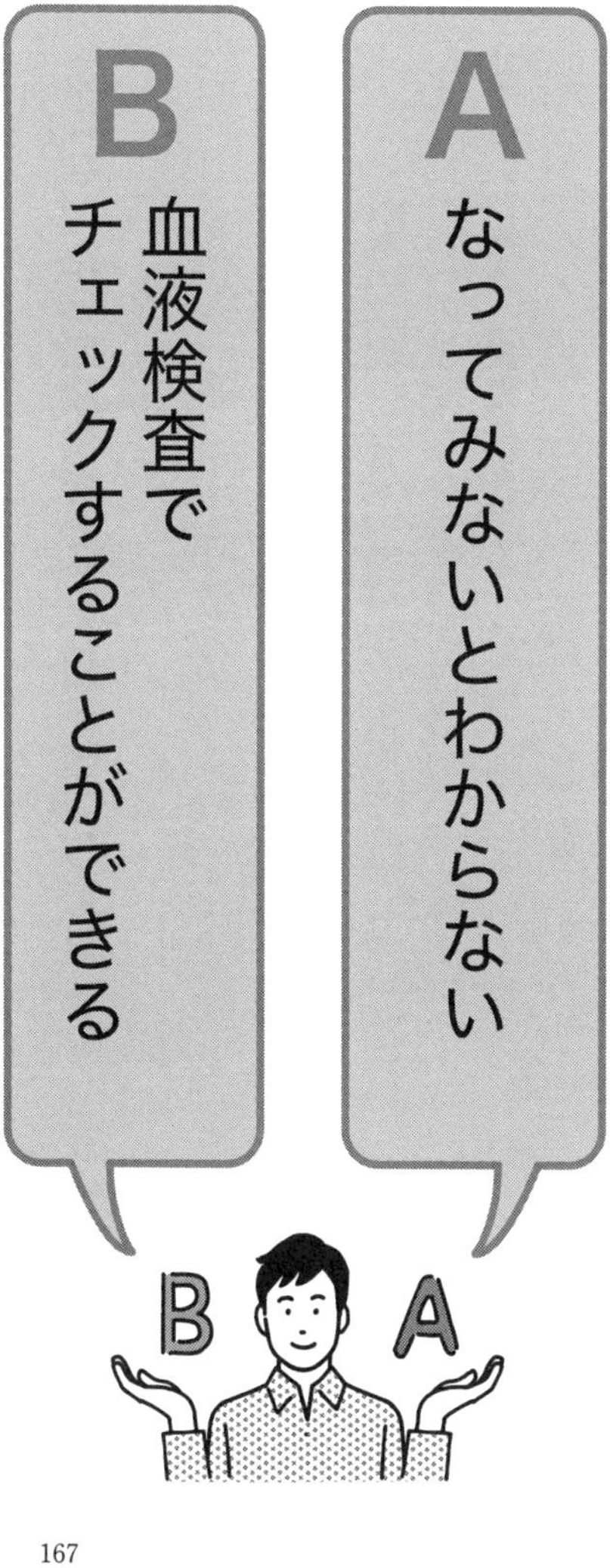
A
なってみないとわからない
B
血液検査でチェックすることができる
B
A

気になったら血液検査でCK値を確認しましょう（正解はB）

トレーニングによって生じた生理的な疲労が、十分に回復しないまま積み重なり引き起こされる慢性疲労の状態を、**オーバートレーニング症候群**と言います。

スポーツでは日常生活で行う活動と比較して、負荷の大きい運動をします。トレーニングのパートで過負荷の原則（71頁）、継続性の原則（73頁）について書いた通り、身体機能の向上のためには、いつもよりも大きな負荷を継続的に与える必要があるのですが、**リカバリーが十分でないと徐々に疲労が蓄積する**ことになってしまいます。

筋トレにせよ、心肺機能のトレーニングにせよ、トレーニングは体に負荷をかけてキツい思いをさせています。キツいことをした結果、体がその負荷に適応できるようになろうとして、筋力がアップしたり最大酸素摂取量が向上したりするのです。楽なことをしていても身体機能は向上しないので、負荷をかけるのは重要ではありますが、**より高いレベルに体の機能を向上させるためには十分な栄養と休息が欠かせません。**

疲労がしっかりと回復する前にまた大きな負荷をかけてしまうと、身体機能が向上するどころか、かえってパフォーマンスが低下してしまいます。

競技のパフォーマンス低下だけでなく、疲れやすい、全身に倦怠感がある、食欲がない、入眠しにくい、集中力の低下、情緒不安定、安静時の心拍数や血圧の上昇などといったものも、オーバートレーニング症候群の症状です。これらを感じたら練習を控え、十分に体を休める必要があります。

本人に疲れの自覚がなくても体が疲れていることはありますし、〝疲れ〟そのものを計測できないのがオーバートレーニング症候群の厄介なところなのですが、参考にできる数値があります。それは、**ＣＫ（クレアチンキナーゼ）値**というもので、血液検査で計測することができます。クレアチンキナーゼは筋肉の収縮時のエネルギー代謝に重要な役割を果たす酵素で、筋肉量が多く運動量も多いスポーツ選手は、一般の人よりも高い傾向があるのです。

個人差はありますが、この数値が運動の翌日まで３００ＩＵ／Ｌを超えているようだと、練習後のクールダウンの状況があまり良くない、５００ＩＵ／Ｌ以上だと中程度の疲労、７

００～８００ＩＵ／Ｌであれば練習をかなりセーブする必要があり、１０００ＩＵ／Ｌ以上の値で練習を続けていると、確実に故障してしまいます。強度の高い練習の後や、試合の直後などは数値が上がるものなのですが、**普段通りの練習をしていて、数値が高い場合は、練習を控え、十分に休息する必要がある**でしょう。

オーバートレーニングを予防するためには、まず**週に1日以上は休みを設けること**。そして、**練習の強度や時間をコントロールする必要**があります。

練習メニューを作る際は、できるだけ選手それぞれの体力に合わせる必要がありますが、難しい部分もあるかと思います。たとえば、体力レベルに合わせてグループに分けて練習をする、疲労回復が十分でなさそうな選手は別メニューにするといった工夫をしてみてください。

「膝のケガからのリハビリ期間。負担をかけずにできる運動はどっち？」

A
プールで水中ウォーキング

B
砂浜など地面が柔らかい場所でジョギング

柔らかい場所が膝に優しいとは一概には言えません（正解はA）

アスファルトの上を走るより砂浜を走る方が膝に優しいと思っている人がいるかもしれませんが、答えはイエスでもありノーでもあります。

着地時の衝撃（地面からの反発）という意味では、硬い路面よりも柔らかい路面の方が小さいのは確かです。しかし、膝への負担というのは着地衝撃だけではありませんし、柔らかい路面が膝に優しいかどうかは、ケガの種類にもよります。

舗装された硬い場所は確かに着地衝撃が強いのですが、フラットで整っている分、歩いているときの膝関節は安定しています。砂浜や草地などは柔らかく着地衝撃は小さいですが、歩いているときの関節は不安定です。バランスをとるためにアスファルトを歩いているときよりも働いている筋肉があるのです。

硬い場所を歩くときと柔らかい場所を歩くときでは、強く負荷のかかる筋肉や筋肉の使い

方が異なります。知らぬ間に脳と体がコントロールしてくれているので気にしていない人の方が多いと思いますが、アスファルトを歩いていて突然柔らかい場所に移動したときの一歩目に違和感を覚えたり、硬いと思っていた場所が柔らかかったときに転びそうになったりするのは、そのためです。

一見すると、膝への負担が少なそうな砂浜のジョギングですが、症状次第ではアスファルトを走るより負担が大きい可能性があるのです。たとえば、大腿骨の外側の骨隆起と腸脛《ちょうけい》靭帯が擦《こす》れ合って炎症が起こり、膝の外側に痛みが出る腸脛靭帯炎の場合、不整地を走る方が痛むこともあります。

膝への負担が間違いなく少ない運動は、**水中ウォーキング**。着地衝撃はありませんし、水の浮力によって重力の負担が減り、筋肉の緊張がほぐれます。

膝に限らず、ケガからの復帰で久しぶりに体を動かすというときに、水中ウォーキングはかなりおすすめです。

「女性アスリートは月経とどう付き合うべき？」

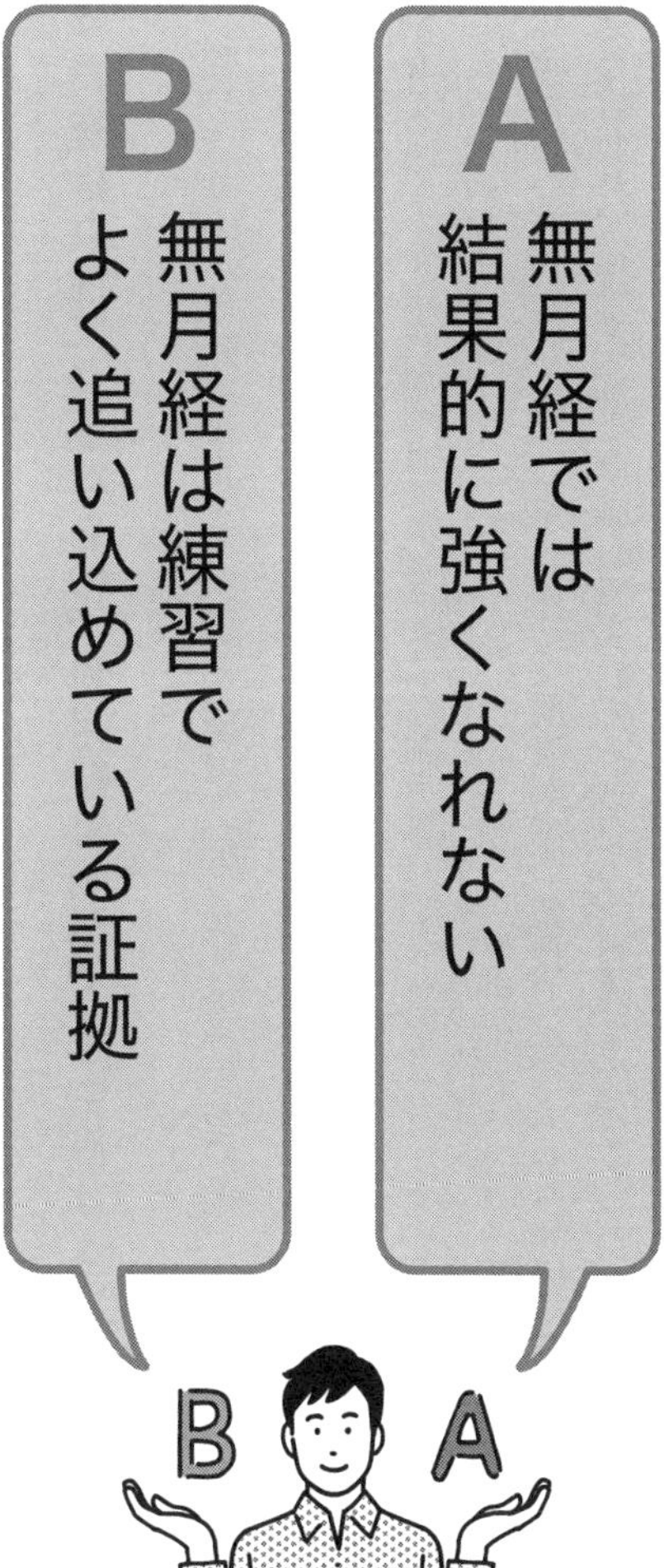
A
無月経では結果的に強くなれない
B
無月経は練習でよく追い込めている証拠
B
A

月経は女性に必要なもの。無月経は問題です（正解はA）

「女性アスリートは月経が止まった方が強い」「無月経は追い込めている証拠で、月経が来るのは練習量不足」などと考えている人が今でもいるようなのですが、言語道断です。昔は体重が1キログラム減るとマラソンが3分早くなる、と言われていた時代もありましたが、過酷な減量やハードに追い込むことによる無月経は、女性アスリートの体にとって決して良いことではありません。

体重が軽い方が有利な競技や、美的な要素が高い競技では、太っちゃいけない、体重を落とせと言われ、体重を毎日計測して記録するといった指導を受けることがあるようなのですが、減量すること、食事を制限することのデメリットを監督やコーチはもちろん、選手本人や保護者も理解していなくてはいけません。

女性アスリートが陥りやすい健康問題は、**女性アスリートの三主徴**（Female Athlete Triad）と呼ばれています。その三主徴とは、**利用可能エネルギー不足、視床下部性無月経、**

骨粗鬆症《こつそしょうしょう》で、これらはそれぞれが関係し合ってもいます。

多くの場合、**エネルギー不足がトラブルを引き起こす発端**になっています。中学生、高校生の年代は、成長期であり、運動部に所属していれば運動量も相当なものになります。女性アスリートだから食事を控えても大丈夫などということはなく、男性アスリートと同じように栄養を摂取する必要があります。

それにもかかわらず過度なカロリー制限や食事制限をすると、すぐにエネルギー不足に陥ってしまいます。エネルギー不足の状態が続けば、体の健全な発達を阻害しますし、競技のパフォーマンスも低下、精神面への悪影響も出てきてしまいます。

運動によって消費されるエネルギーが、食事から摂取するエネルギーよりも上回ると、体脂肪がエネルギー源として使われます。お腹まわりにたっぷりと脂肪がついてしまった大人にとっては喜ばしいことですが、体脂肪を必要以上に減らすと体に問題が起きてしまうので、女性アスリートはそうならないように注意が必要です。

体脂肪はエネルギーの貯蓄や体の保温といった機能があるだけでなく、ホルモンの内分泌臓器でもあります。

体脂肪が極端に減ると、脳内の視床下部の働きが乱れ、女性ホルモンを分泌しなさいという指令が止まり、月経がこなくなってしまいます。これが、視床下部性無月経と呼ばれるもので、過度なストレスなどでも起こることがあります。

女性ホルモンのエストロゲンは、骨を強くするのにも欠かせないものです。骨は皮膚や筋肉と同じように新陳代謝を繰り返しています。つまり、古い骨を壊し、新しい骨を作るというサイクルを繰り返し、強さを保っているのです。これは骨のリモデリング（再構築）と呼ばれています。

破骨《はこつ》細胞が古い骨を分解し、骨芽《こつが》細胞が新しい骨の合成を担当しています。女性ホルモンのエストロゲンは、破骨細胞の働きを抑える作用があるため、エストロゲンの分泌が増える成長期に女性の骨量は急激に増加します。

高齢の女性が骨粗鬆症に悩まされることが多いのは、閉経して、骨の分解を抑制していたエストロゲンが減り、骨量が減少してしまうからです。

成長期に無月経になると、骨量が減少して骨折しやすくなってしまうのはもちろん、骨の成長の妨げにもなってしまいます。

骨量は20歳前後で最大値となり、そこから増えることはなく、加齢とともに減少していきます。先ほども書いたように、女性の場合は閉経後に減少の速度が増します。10代のうちにしっかりと骨量を増やしておかなければ、将来深刻な骨量不足になり、骨折をきっかけに寝たきりになってしまう可能性もあります。

無月経は〝今〟だけの問題ではないのです。

中学生、高校生の部活時代に骨折ばかりしていてほとんど練習ができなかったという女性アスリートがいます。おそらく、エネルギー不足をきっかけとする、骨量の減少が原因だと思います。そのアスリートは強い選手ですが、エネルギー不足や無月経に陥らないように過ごすことができていれば、もっと練習ができたはずです。トレーニングを積み、パフォーマンスを高めるためにも、無月経を無視してはいけません。**無月経も体からのＳＯＳのサイン**なのです。

月経の周期、月経中の痛み、月経中やその前後にどの程度の練習ができるかには、個人差があります。痛みなく運動できてしまう選手もいれば、全く体を動かせない選手もいます。人それぞれだということを、周囲も理解する必要があるでしょう。

鉄欠乏性貧血も女性アスリートが気をつけるべきことの一つです。文字通り、鉄が不足することで起こるもので、陸上の長距離、新体操やフィギュアスケートなど食事制限をしがちな競技の選手が悩まされることが多い疾患です。男性でもなり得るものですが、月経のある女性はより注意が必要です。

鉄欠乏性貧血になると、息切れ（いつもの練習についていけない）、動悸、頭痛、疲労感（なんとなく疲れている）、倦怠感（なんとなく調子が悪い）、心肺機能の低下、まぶたの裏が白くなる、爪の形が変わる（スプーンネイル）などといった症状があらわれます。だるさを感じて練習ができない、いつもと同じ練習なのにやけに疲れるといったことがあったら、貧血を疑いましょう。

貧血かどうかは、血液検査でヘモグロビン値を調べることで確認できます。女性は12g／dℓ未満、男性は13g／dℓ未満であれば貧血状態であり、10g／dℓ未満だとかなり酷《ひど》い状態とされています。貧血だと判明したら、適切な治療を受け、医師の指導のもと食事の改善も行ってください。

鉄欠乏性貧血の予防のためには、栄養バランスのよい食生活を心がけるのはもちろんのこと、鉄が不足しないよう意識的に摂取しましょう。

食品に含まれる鉄分にはヘム鉄と非ヘム鉄があり、吸収されやすいのは前者と言われています。ヘム鉄が多いのはレバー（豚・鶏・牛）、牛肉の赤身、カツオ、マグロ、赤貝などで、非ヘム鉄が多いのは納豆、小松菜、枝豆、水菜、厚揚げ、木綿豆腐などがあります。

苦手な食材や、調理のしやすさなどもあるでしょうから、バランスよく摂取してもらえればと思います。

第3章

日常生活のススメ

部活動以外の時間の過ごし方も練習並みに大切です

　真面目に練習に取り組んでさえいれば、ケガをすることなく上達できるかというとそんなことはありません。

　筋トレを経験したことのある方ならわかると思いますが、いくら筋トレを頑張ってもタンパク質が不足していると筋肉は大きくなってくれません。栄養は体の成長、健康維持にとても重要です。特に成長期にあたる部活生の体は、大人以上に栄養を必要としています。保護者の方たちには、ぜひ栄養面のサポートをしていただければと思います。

　練習の疲れをなるべく翌日に持ち越さないためにも、練習時間以外の過ごし方は大切です。前日の疲れが残っていれば、当然、その日の練習の質は下がってしまいます。疲労が積み重なっていけば、どんどん練習は効率の良いものではなくなりますし、ケガのリスクも大きくなります。

　生活面の質も上げながら練習に励んでもらえたらと思います。

「睡眠時間はどれくらいとればいい？」

A
必要な睡眠時間は8時間。短過ぎも長過ぎも良くない

B
必要な睡眠時間は人それぞれ

自分に必要な睡眠時間を見つけて確保しましょう（正解はB）

フィジカルトレーナーの仕事をしていると、「疲労回復の裏技を教えてください」と聞かれることがよくあります。しかし、「〇〇を飲めばすっかり元気になる」「△△を使えば筋肉疲労がゼロになる」といった**魔法のような疲労回復術はありません**。

部活動の練習による肉体の疲労にせよ、日々の勉強による脳の疲労にせよ、疲労を取り除いて**リカバリーを図るうえで、最も重要なのは睡眠**です。十分な睡眠時間を確保して、その質を高めることが何よりも大切なのです。

練習をどれだけ頑張って体力・技術を高めても疲労が抜けていなかったら、パフォーマンスは確実に低下します。

トレーニングの効果によって仮に体力が10になったとしても、睡眠が足りていないために疲労が3溜まっていたとしたら、パフォーマンスは10マイナス3で7になります。仮に体力が8だったとしても、睡眠時間をしっかりと確保して、疲労が完全に抜けて0になったとしたら、パフォーマンスは8マイナス0で8となります。

疲労を抜くことで練習や試合で高いパフォーマンスを発揮することができますし、脳や体がフレッシュな状態でトレーニングに臨めば、トレーニングの質が高まり、より効果的なものになるでしょう。

逆に疲労が溜まった状態ではトレーニングの質は低下しますし、ケガのリスクも大きくなります。疲労が溜まればオーバートレーニング症候群の危険もあります。

睡眠が重要だという話をすると「では睡眠は何時間とればいいのか」という質問を必ずされます。睡眠時間については、さまざまな研究報告が発表されていますが、どれも決定的と言えるものではなく、個人差によるところが大きいというのが正しい認識だと思います。一般的に1日に必要な睡眠時間は7～8時間とされていますが、6時間で大丈夫という人もいれば、9時間は寝ないと疲れが取れないという人もいます。**自分にとってどの程度睡眠が必要なのかを探し出し、それを確保できるようにしてください**。朝すっきりと起きられて、授業中に強い眠気が出ず、練習がしっかりと行えているなら睡眠時間が足りている一つの目安でしょう。

睡眠時間に関して、少々やっかいなのが、日本では睡眠時間は8時間とるべきという説が強いことです。前述した通り、**必要な睡眠時間は人それぞれ**で、8時間説というのは迷信のようなものなのですが、これを信じて自分へのプレッシャーにしてしまっている人が多いのです。

誰しも一度くらいは経験したことがあると思いますが、翌日の朝が、いつもより早く起きなければならなかったりすると、寝つけなかったり、夜中に目が覚めてしまうことがあります。試合やテスト、修学旅行や合宿の前日に上手く眠れなかったことがあるという人もいるでしょう。

人間の体はちょっとした緊張にも影響を受けるため、そのせいで眠れないということが起きます。「今からだと8時間寝られない」「8時間寝ないと体が休まらない」だから「早く寝ないといけない」と考えてしまうと、それがプレッシャーになり、余計に眠れなくなってしまったり、睡眠の質を下げることに繋がります。

必要な睡眠時間を確保するように心がけながらも、**少しくらい眠れなくても大丈夫**だと思うことも大切です。

練習をどれだけ頑張って体力・技術を高めても疲労が抜けていなかったら、パフォーマンスは確実に低下する、と前述したことと少し矛盾するように感じるかもしれませんが、1日くらい眠れなかったり、睡眠の質が悪かったとしても、パフォーマンスが劇的に下がることはありません。

大きな国際大会でアスリートに帯同すると、競技の前日によく眠れなかったという選手が結構いたりします。しかし、よく眠れなかった選手たちが、試合当日にベストパフォーマンスを出せなかったわけではありません。実際、メダルを獲得することも多いのです。つまり、**疲労回復には睡眠が大切ですが、眠れなかったらどうしようと緊張する必要はない**ということ。

睡眠時間の確保に対して神経質になり過ぎないようにしましょう。もしも寝床に入って15分以上眠れなかったら、一度寝床を出て、部屋を暗くしたまま、しばらくリラックスして過ごしてみてください。そして眠気が高まったら寝床に戻ります。これを何度か繰り返しているうちに、いつの間にか眠れるはずです。

みなさんは、ベッドや布団に入る時間を決めているでしょうか。学校の授業が始まる時間が決まっているので、起きる時間を決めている人は多いでしょう。しかし、就寝時刻はその日によるといった人がいると思います。部活を終え、食事や入浴をし、学校の宿題をこなす。場合によっては塾などに通っている子もいるでしょう。息抜きにゲームをしたり、漫画を読んだり、友人とSNSのやり取りなどをすればあっという間に時間が経ってしまいます。気がつけば、日付が変わり、疲労回復に必要な睡眠時間が全く確保できないなんてことが起こり得ます。

実は、日本人は世界的に見て、睡眠時間が短いというデータがあります。2018年に経済協力開発機構（OECD）が発表した加盟国30か国の15〜64歳を対象に平均睡眠時間を調べた結果です。それによると、日本は30か国の中で最も平均睡眠時間が短く、1日7時間22分でした。30か国の平均は1日8時間25分なので、平均より1時間短いということになります。ちなみに平均8時間を下回っていたのは、日本、韓国、メキシコの3か国だけでした。日本人は睡眠時間を削って働いたり、勉強したり、遊んだりする傾向が強いということでしょう。しかし、**睡眠時間が不足すれば、パフォーマンスは落ちます**。パフォーマンスが低下すれば、宿題が終わらない、勉強が捗《はかど》らないといったことが起き、ますます睡眠不足になって疲労が溜まり、さらにパフォーマンスが落ちるという悪循環に陥ってしまいます。そうならないためにも、就寝時刻を決めて、それに向かってスケジュールを立てるということが大切です。

人間の眠りのリズムは、1日24時間で自転している地球の周期とおおよそ一致しています。

地球の自転による明暗の切り替えに応じたもので、体温変化やホルモン分泌などの体の基本的な機能は約24時間のリズムを示すことがわかっています。この24時間周期のリズムは、概日リズム（サーカディアンリズム）と呼ばれています。

概日リズムを刻んでいるのは、体内時計と呼ばれるもの。人間を含む哺乳類の体内時計は、脳の視床下部にあることがわかっています。

朝目覚めて日の光を浴びると、網膜から入った光の刺激により体内時計がリセットされます。体内時計がリセットされてから14〜16時間ほど経過すると、脳内でメラトニンというホルモンが増えてきます。メラトニンの元になっているのは、朝になると脳内で作られるセロトニンという神経伝達物質です。セロトニンには、覚醒をキープし、やる気を引き出す働きがあり、日中の活発な活動を支えてくれます。

セロトニンから作られるメラトニンは、眠りに適した体内環境を整えてくれます。メラトニンの分泌が高まると、血圧や心拍数が落ち着き、深部体温が下がり、体が睡眠へと向かっていきます。

このように、**朝起きたときに、日の光を浴びて体内時計をリセット**すれば、夜になると自然と眠気を催すのです。そのリズムを妨げず、眠くなったら布団の中に入れるように、自分の就寝時刻を決めて、それに向かって宿題などを済ませるようにしましょう。

成長ホルモンの分泌も体内時計によってコントロールされています。このホルモンは文字通り、子どもが成長する際に、筋肉や骨を大きく強くする働きがあります。体の成長にも、体のリカバリーにも成長ホルモンは欠かせないのですが、その**分泌が高まるのは、入眠して1時間ほどで訪れる深い眠り（ノンレム睡眠）のとき**。睡眠の質が悪かったり、眠りのリズムが乱れて就寝時刻が普段よりもズレたりしてしまうと、入眠後の成長ホルモンの分泌量が減少することがわかっています。

また睡眠は、習得した運動動作や技術、勉強した内容を記憶させるためにも大切な役割を果たしていると言われています。

練習や勉強をいくら頑張っても、睡眠が足りないと十分に身につかない可能性があるということです。

〝寝る子は育つ〟というのは本当で、体の成長のためにも、運動動作の習得や学習のためにも睡眠は必要不可欠なものなのです。

「明日は休日。たっぷり寝られそうだけどどうする？」

A　普段と同じ時間に起きて同じ時間に寝る

B　次の1週間に向けて寝溜めをしておく

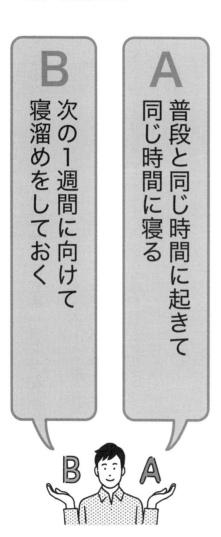

なるべく睡眠のリズムは一定に保ちましょう（正解はA）

明日は学校も部活も休みとなると、夜更かしをしてゲームや動画視聴を楽しみたいという気持ちが出てくるかもしれませんし、せっかくの休みだから明日は昼まで寝ていようなどと思うかもしれません。しかし、**眠りのリズムが乱れると、成長ホルモンの分泌が乱れるため、**体の発育を妨げる可能性がありますし、疲れも取れにくくなります。

休日の前日だからといって夜更かしせず、普段と同じ時間に寝て、翌日も普段通りに起きるようにしましょう。

休みの日に「もっと眠りたい！」と思うのは、普段の睡眠時間が不足しているか、睡眠の質が高くない証拠です。休みの日に「寝坊したい」「二度寝したい」と思わないぐらい、普段の睡眠時間を十分に確保しましょう。

アスリートたちにオフの日は何時くらいに起きているかを尋ねると、多くのアスリートから「練習がある日と同じです」という答えが返ってきます。眠りのリズムが乱れると、疲れが取りきれず、練習や試合でのパフォーマンスが落ちてしまうことを理解しているからです。

普段は学校に行くために毎朝7時に起きているとしましょう。休日に「もっと眠りたい」「寝溜めをしておこう」と10時まで寝ていたら、朝日を浴びる時刻が遅れてしまい、体内時計が後ろにズレることになります。すると、メラトニンが分泌されるタイミングが遅くなり、量も減るため、その日の夜はいつもより寝つきが悪くなってしまうでしょう。仮にその日が土曜日で、寝つきが悪かったからといって夜更かししていると、日曜日は11時まで寝ていたくなるかもしれません。

そうすると、さらに体内時計は遅れてしまい、月曜日の朝にいつも通り7時に起きたとき、疲れやダルさを感じるでしょう。このような体内時計のズレは海外旅行で起こる時差ボケと似ていることから、社会的時差ボケ（ソーシャルジェットラグ）と呼ばれています。

月曜の朝に眠気や疲れを感じている人は、休日の就寝時刻・起床時刻に気をつけてみてください。

「睡眠の質を高めるのに必要なことはどっち？」

A
夕食から睡眠時間の間をなるべく離す

B
就寝前におやつで糖質を補給する

夕食の内容と時間に気をつけると睡眠の質が高まります（正解はA）

睡眠の質を高めるためにできることはいろいろとありますが、その一つが夕食の時間と内容に気をつけることです。個人差があるのであくまで目安ですが、ステーキや天ぷらなどの脂質が多い食品は消化するのに4時間以上かかると言われています。主食として食べられるご飯やトースト、うどんなどの消化時間は2～3時間とされています。

就寝時刻近くに食事をしてしまうと、就寝後しばらくの間、胃腸が消化活動のために働いて、血流もそこに集中することになります。これでは体の疲労を十分に抜くことができません。睡眠の質を高めるためには、**夕食から就寝までの時間をなるべく離す**、それが難しい場合は**消化に時間がかかるものは避ける**ということが大切です。

夜に宿題や勉強をしているとき、眠気覚ましにコーヒーを飲んでいるという学生もいるかもしれません。コーヒーに含まれているカフェインには確かに覚醒作用があるので、飲みたくなる気持ちはわかるのですが、摂取のタイミングや量には注意が必要です。

細胞のエネルギー源であるATP（アデノシン三リン酸）が代謝されると、アデノシンが生まれます。活動中、アデノシンは脳内に蓄積していき、その受容体との結合が一定量に達すると、体を睡眠へ向かわせようとします。激しい運動をした後に眠くなるのはそのためです。

カフェインはアデノシンと構造が似ているため、アデノシンの受容体と結合できる性質があります。カフェインが結合しても、睡眠の信号は発信されません。だから、カフェインは眠気覚ましになるというわけです。カフェインの覚醒効果がどの程度続くのかは、体質や摂取の頻度などによって異なるのですが、体内での半減期は5〜8時間だと言われています。つまりコーヒーを一杯飲んだとして、それに含まれるカフェインが半分の量になるのに5〜8時間かかるということです。**覚醒作用が強いカフェインを夜に摂取すると、なかなか寝つけないということが起こります。**また、カフェインには排尿を促す利尿作用もあり、夜中にトイレに起きてしまい、そこから眠れなくなる中途覚醒のきっかけにもなります。利尿作用で脱水が進むと、疲労回復も上手くいきません。

コーヒー以外にも、緑茶、紅茶、ココア、エナジードリンク、一部の炭酸飲料などにもカフェインが多く含まれていることも覚えておいてください。

そして〝**明る過ぎる光**〟**も寝る前はなるべく避ける**ようにしましょう。すでに触れた通り、朝目覚めて日の光を浴びると、網膜から入った光の刺激により体内時計がリセットされ、14〜16時間ほど経過すると脳内でメラトニンが増えます。メラトニンが増加すると、眠りに相応《ふさわ》しい体内環境が整っていくのですが、明る過ぎる光は、このメラトニンの分泌を妨げてしまうのです。メラトニンはセロトニンから合成されますが、日中、日が明るいうちは、セロトニンからメラトニンを作る酵素の働きがオフになっています。夜暗くなってくると、酵素のスイッチがオンになるのですが、いつまで経っても明るい光を浴び続けていると、なかなかメラトニンが増えないということが起こるのです。あたりが暗くなったら、それに合わせて部屋の照明を落とす、間接照明を使って目に直接強い光が当たらないようにするといった工夫をしましょう。

スマートフォンやパソコン、ゲーム機、テレビなどの画面から発せられる**ブルーライトにも注意が必要**です。これらも同じように、メラトニンの分泌を抑えてしまう可能性があるからです。夜、いつまでもスマートフォンでゲームや動画を楽しんだり、友人とSNSのやり取りなどをしていると、なかなか寝つけないということが起こります。就寝する1〜2時間前にはスマートフォンを手放すようにしましょう。

「昼休みに眠くなってしまう。どうすれば良い？」

A
眠くなるので寝ないで頑張る

B
〝短い昼寝〟ならOK

30分以内の短い昼寝は疲労回復に有効です（正解はB）

前日の夜に就寝が遅くなってしまったとき、部活の朝練のためにいつもより早起きしたときなど、昼休みに眠くなるというのはよくあることでしょう。そんなときは思い切って昼寝をしてみましょう。

実は、**アスリートはよく昼寝を活用**しています。きついトレーニングで体を酷使しているため、たっぷり寝ていても睡眠が足りないことがあり、それを昼寝で補っているのです。アスリートの昼寝のベストタイミングは、午前のトレーニングが終わり、昼食を済ませた時間帯。午後のトレーニングが始まるまで**30分程度の昼寝をして体を休ませる**選手はたくさんいます。合宿の際、午前と午後のトレーニングの間に昼寝の時間を設けているチームもあるぐらいです。

昼寝をする際は、**短時間で切り上げるのがポイント**です。長々と寝てしまうと、深い眠りに入ってしまい、起きた後に睡眠から覚醒へ上手に切り替えられない状態（睡眠慣性）になるからです。

また昼間に長く眠り過ぎると夜眠れなくなることもあるので、**昼寝は30分程度に留めるべき**。昼寝を活用しているアスリートたちも、寝ている時間は30分程度です。

短時間の昼寝は**パワーナップ**（Power Nap＝積極的仮眠）とも呼ばれています。これは英語で昼寝やうたた寝を意味するナップと、パワーアップを掛け合わせた造語。パワーナップには、疲れが取れる、集中力が高まる、作業効率がアップするなどのプラスの作用があるという研究報告があります。

厚生労働省が発表している「健康づくりのための睡眠指針２０１４」にも、「午後の早い時刻に30分以内の短い昼寝をすることが、眠気による作業能率の改善に効果的」とあります。

昼休みに眠くなってしまったら、昼寝を上手く活用して、午後の授業、放課後の部活動に備えましょう。

「栄養バランスってどうやって整えればいい？」

A
糖質や脂質を控えてタンパク質をたくさん摂る

B
肉は控えて野菜をたくさん食べるようにする

1日14品目摂取で栄養バランスを整えましょう（どちらも不正解）

トレーニングの世界では**運動、休養、食事が三本柱**と言われます。このうちどれか一つでも欠けると、パフォーマンスは高まりません。いくら練習を頑張っても睡眠や食事を疎《おろそ》かにすると、強い選手にはなれないということです。

私はこれまで多くのアスリートを指導してきましたが、トップアスリートほど、食事に細心の注意を払い、栄養バランスが整っています。

中学生、高校生の年代は成長期でもあります。パフォーマンスアップやコンディション維持のためにはもちろん、体の健全な成長のためにもさまざまな栄養素をバランスよく摂取する必要があります。

糖質制限やカロリー制限に代表されるような、食事に制限をかける食事法や、ある特定の食材だけを食べ続ける食事法など、食事についてはいろいろな情報が出回っていますが、結局のところ**健全な食事はバランスよく食べることに尽きます**。

たとえば糖質や脂質は悪者にされがちですが、どちらも必要な栄養素です。過剰摂取は肥満や生活習慣病の原因になりますが、糖質はとても重要なエネルギー源。特に、脂質をエネルギーに変換する工場であるミトコンドリアを持っていない脳や神経細胞にとっては、糖質が原則的に唯一のエネルギー源と言われています。**中学生、高校生の年代での極端な糖質カットは大人以上にやめてほしい**ことです。

また、筋肉の主なエネルギー源は糖質と脂質ですが、強度の高いトレーニングをするときには糖質が使われます。糖質不足は、トレーニングの質の低下やスタミナ切れに繋がってしまいます。

脂質が重要なのも同様です。脂質はエネルギー源として使われるだけでなく、細胞膜やホルモンの材料になるものです。脂質を構成する脂肪酸には、体内で合成することができない必須脂肪酸と呼ばれるものがあります。必須脂肪酸は食事から摂取しなければならないものなので、脂質を極端にカットした食生活をしていると、足りなくなってしまうのです。

厚生労働省による2020年版「日本人の食事摂取基準」には、三大栄養素である糖質、脂質、タンパク質の推奨バランスは、糖質50～65％、脂質20～30％、タンパク質13～20％とあります。**糖質、脂質を必要以上に敬遠しないようにしてください**。

副腎でのホルモン作り、体外から侵入してくるウイルスや細菌と戦うための免疫維持、紫外線を原因とする白内障の予防、鉄の吸収のサポートとたくさんの役割を果たすビタミンC。健康維持に欠かせない栄養素で、不足しないようにビタミンCを含む野菜や果物をしっかりと摂取してほしいのですが、過剰摂取すれば体にトラブルを引き起こします。ビタミンCは水溶性なので尿として排出され、体内に蓄積されないので、たくさん摂取しても問題ないとされてきました。しかし、あまりにも過剰に摂ると体内から排出されるのに時間がかかり、その結果、筋肉の発達の阻害、吐き気、下痢などの原因になるという研究報告が出てきました。〝体に良い〟とされているものでも、過剰摂取は避けるべきということです。

何かを過度に制限したり、過剰に摂取したりするのではなく、必要な栄養素を過不足なく摂ることの大切さがイメージできたでしょうか。

主な栄養素には**糖質**、**タンパク質**、**脂質**、**ビタミン**、**ミネラル**、**食物繊維**の6つがあり、これらは**六大栄養素**とされています（糖質と食物繊維を合わせて炭水化物と呼びます）。体の成長、健康維持のためには、この六大栄養素を過不足なく摂取する必要があるのですが、どうしたら上手くいくでしょうか。

生活習慣病を予防する食生活の指針として、厚生労働省と農林水産省が共同で作成した「食事バランスガイド」があります。

これは、主食、主菜、副菜、牛乳・乳製品、果物という5つのカテゴリーに分けて、それぞれの摂取量の目安を示したもの。よくできた内容で、この通りできたらバランスのよい食生活になるとは思うのですが、少々複雑で難しい部分があります。

私もクライアントの栄養指導で活用したことがあるのですが、残念なことに「食事バランスガイド」通りの食生活を続けられたケースは、一度もありませんでした。食事は毎日のことですから、複雑なもの、面倒そうに感じられるものは、継続が困難になってしまうのです。

このような経験を経て、私が管理栄養士さんとともに考え、クライアントの食事指導に用いているのが、14品目を1日1回ずつ食べるという**1日14品目食事法**です。カロリー計算などは必要ありません。その14品目は次の通りです。

1　穀類（白米、玄米、もち、パン、パスタ、うどん、そば、中華麺、シリアルなど）
2　肉類（牛肉、豚肉、鶏肉など　※ソーセージやハムなどの加工品を含む）
3　魚介類（魚、イカ、タコ、エビ、貝類など）
4　豆・豆製品（大豆、豆腐、納豆、豆乳、インゲン豆、ひよこ豆など）
5　卵（生卵、ゆで卵、卵焼き、目玉焼き、ピータンなど）

6　牛乳・乳製品（牛乳、チーズ、ヨーグルトなど）
7　緑黄色野菜（トマト、ホウレンソウ、ブロッコリー、ニンジン、パプリカなど）
8　淡色野菜（大根、キャベツ、レタス、タマネギ、白菜、カブ、ナスなど）
9　キノコ類（シイタケ、シメジ、マイタケ、エノキ、エリンギ、ナメコなど）
10　イモ類（ジャガイモ、サツマイモ、サトイモ、コンニャク、ヤマイモなど）
11　海藻類（ワカメ、ヒジキ、海苔、モズク、昆布、寒天など）
12　果物類（リンゴ、ミカン、オレンジ、キウイ、バナナ、ブドウ、ナシなど）
13　油脂類（オリーブオイル、バター、マヨネーズ、ラード、揚げ物など）
14　嗜好品（チョコレート、ケーキ、ポテトチップスなど）

ここに挙げた**14品目を1日1回ずつ食べる**のですが、穀類は活動するための基本的なエネルギー源となる糖質を摂取できるため、例外的に毎食食べても構いません。この食事法を実践すると、栄養バランスが整うとともに、食べ過ぎを防ぐこともできます。

肉類は体作りに欠かせず、筋肉の材料にもなるタンパク質を豊富に含んでいます。牛肉なら鉄と亜鉛、豚肉ならビタミンB群、鶏肉ならビタミンAとビタミンEを併せて摂取することができます。

魚介類もタンパク質が豊富です。鮭にはビタミンD、カツオにはビタミンB群、カキには亜鉛、シジミには鉄といったように、ビタミンやミネラルが含まれています。同じタンパク源でも、肉と魚の両方を食べること、種類を一定のものにしないことで、自然とさまざまな栄養素を摂ることができます。また、イワシやサバ、アジなどの青魚にはEPA、DHAといった必須脂肪酸が含まれています。生の魚だけでなく、干物や缶詰でも構いません。

豆・豆製品では、大豆、大豆製品、ピーナッツにはタンパク質が多く含まれています。大豆、大豆製品からはカルシウムやマグネシウムといったミネラルも摂取できるので、豆腐、納豆、豆乳は積極的に食事に取り入れてほしいなと思います。

鶏卵は1つで約6グラムのタンパク質が摂取できるだけでなく、ビタミンA、ビタミンB群、ビタミンD、ビタミンE、鉄、亜鉛、カルシウム、マグネシウムなどを満遍《まんべん》なく含んでいます。完全食品と呼ばれることがあるほど、栄養バランスに優れていて、比較的安価で購入することができます。料理のバリエーションも豊富ですし、とてもおすすめしたい食品の一つです。

牛乳・乳製品は、カルシウムの貴重な摂取源であり、タンパク質も摂ることができます。

カルシウムは骨の成長に、タンパク質は筋肉の成長に欠かせないものですから、成長期の部活生にはなくてはならないものでしょう。ヨーグルトには、腸内環境を整えるビフィズス菌や乳酸菌を摂れるものもあります。

緑黄色野菜、淡色野菜にはビタミン、ミネラル、食物繊維が豊富に含まれています。厚生労働省が推奨している一日の野菜の摂取量は350グラム。それに対して日本人の摂取量は300グラム足らずだと言われています。野菜不足を補うために、緑黄色野菜、淡色野菜を1日2回摂取しても構いません。野菜はカロリーが低いのでたっぷりと食べたところでオーバーカロリーにはならないでしょう。ただし、野菜を市販の野菜ジュースで摂取するのはおすすめできません。実際の野菜と野菜ジュースでは含まれている栄養素が異なりますし、砂糖や人工甘味料が含まれていることも多いからです。

キノコ類は食物繊維とミネラルを豊富に含んでいます。干しシイタケは、マグネシウム、亜鉛、ビタミンDが豊富で、保存も利くので便利な食品です。

糖質を多く含むイモ類は、穀類と同様、エネルギー源になります（コンニャクイモから作るコンニャクは例外的にほとんどカロリーがありません）。食物繊維も豊富で、ジャガイモとサツマイモからはビタミンCを摂取することができます。

海藻類はミネラルの宝庫。ヒジキ、海苔、昆布は鉄とカルシウム、あおさはカルシウムをたっぷりと含んでいます。乾物も手に入れやすいので、ストックしておくと重宝するはずです。おすすめのメニューは味噌汁です。キノコ類にも海藻類にも合いますし、乾物をストックしておくととても手軽です。

厚生労働省が推奨している一日の果物の摂取量は200グラム。バナナなら2本、ミカンやキウイなら2つ、リンゴやナシ、グレープフルーツなら1つに相当します。野菜と同じようにジュースでの摂取はおすすめできません。

油脂類としてカウントするのは、唐揚げやコロッケ、カツのように大量に植物油を使うもの、オイルベースのパスタ、マヨネーズたっぷりのポテトサラダなどです。炒め物に使う少量の油は1回に数えなくて構いません。

チョコレート、アイスクリーム、ケーキ、クッキー、大福、羊羹《ようかん》、ポテトチップス、ポップコーンなどのお菓子は嗜好品です。**嗜好品には〝心の栄養素〟的な側面があるので、少量であれば食べて構いません**。目安は1日に150~200キロカロリー分。ただし、摂らなければいけないわけではないので、お菓子が好きじゃないという人はわざわざ食べる必要はありません。

給食が出る学校に通っているのならば、**給食のメニューを確認し、そこで摂取していない品目を朝食と夕食で食べられるようにする**というのが基本になるかと思います。

毎日違うメニューにする必要はありません。昨日と今日で食べる野菜や果物が同じだってOKです。**継続することが一番大切**で、献立に凝る必要はありません。

「筋肉を作るためのタンパク質。どれくらい必要？」

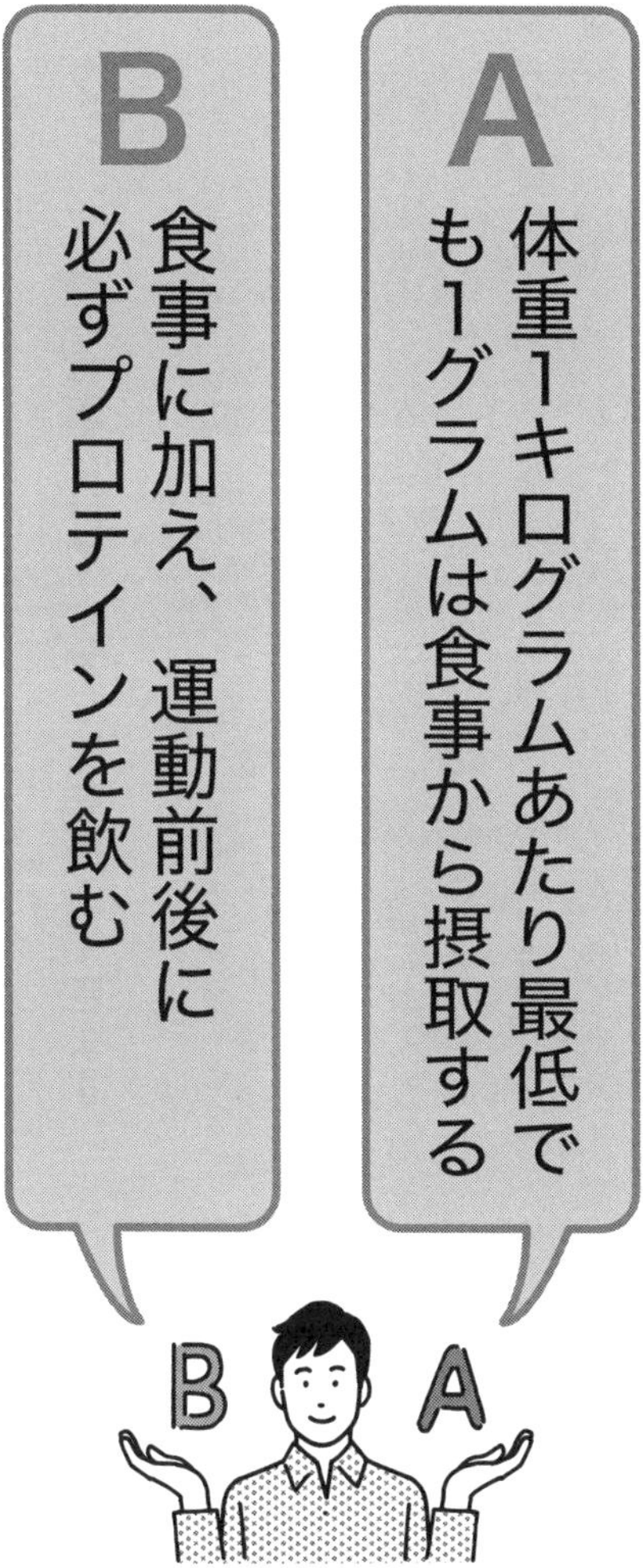
A
体重１キログラムあたり最低でも１グラムは食事から摂取する
B
食事に加え、運動前後に必ずプロテインを飲む
B
A

タンパク質は食事だけで十分な量を摂取できます（正解はA）

筋肉は水分を除くとほとんどがタンパク質でできています。つまり、**筋肉量を維持したり、増やしたりするためにはタンパク質は必要不可欠**ということです。筋肉は日々ターンオーバーし、2～3か月で入れ替わると言われています。日々の食事でタンパク質を十分に摂取しないとタンパク質不足になり、いくらトレーニングを頑張っても筋肉量が増えない、効果が出ないということが起こります。

タンパク質は、人間の体を構成する材料となる重要な栄養素です。人体の約20％はタンパク質でできていると言われています。筋肉はもちろん、骨や血管、内臓もタンパク質から作られていますし、肌、髪、爪の材料にもなっています。さらに、生体機能を調節するホルモンや酵素もタンパク質なしでは作ることができません。

タンパク質なしでは体の健康維持ができないということです。

厚生労働省による「日本人の食事摂取基準」（2020年版）では、タンパク質の推奨摂取量を12～14歳の男性が60グラム、15～17歳の男性が65グラム、12～17歳の女性が55グラムとしています。一つの指針にはなりますが、必要量は体のサイズによって異なるものなので、**体重1キログラムあたり1グラムを目安に**してもらえたらと思います。体重が50キログラムなら1日50グラムのタンパク質摂取を目指すということです。

もちろんタンパク質だけを摂取すればいいわけではありません。糖質や脂質が不足していると、タンパク質はエネルギー源として使われます。たとえば鶏のササミとサラダのみのような食事をしていたり、プロテインを飲んでいたりすると、タンパク質を十分に摂れているように思えますが、糖質や脂質が不足していれば、そのタンパク質は運動をする際のエネルギー源となっている可能性が高いのです。

運動部の学生は、日々の練習でかなりのエネルギーを消費します。疲労で食が細くなり、食事から摂取するタンパク質量が減ると、筋肉の分解が合成を上回って筋肉量が減ってしまうことがあります。また、エネルギーが不足すると、筋肉のタンパク質がアミノ酸に分解されてエネルギー源として消費されてしまいます。

練習と休養と栄養の三本柱を、それぞれ十分に太くすることが大切です。

体内に取り込まれたタンパク質は、一度、消化酵素によってアミノ酸に分解されます。このアミノ酸が血液によって全身に運ばれて、各組織で再びタンパク質へと合成されます。タンパク質を合成するアミノ酸の種類は20種類。このうち必須アミノ酸と呼ばれる9種類（ロイシン、イソロイシン、バリン、リジン、メチオニン、フェニルアラニン、スレオニン、トリプトファン、ヒスチジン）は、体内で合成できないので、毎日の食事で摂取する必要があります。

必須アミノ酸が1種類でも不足していると、体内で効率的にタンパク質を合成することができません。

「良質なタンパク質を摂りましょう」などと言われることがありますが、良質なタンパク質とは、9種類の必須アミノ酸を高いレベルでバランスよく含んでいる食品のことを指します。FAO（国連食糧農業機関）とWHO（世界保健機関）によって提示されたアミノ酸スコアという指標があり、9種類のアミノ酸すべてが基準値を上回っていると、スコアは100となり、良質なタンパク質だとされます。肉や魚などのアミノ酸スコアの高い食品を選んで摂るようにすれば、体内で合成できない必須アミノ酸が不足しないということです。

反対に、1種類でも基準値を満たしていないと、アミノ酸スコアは低くなります。たとえば、精白米はリジン以外の必須アミノ酸は基準値を満たしているのですが、リジンが基準値の65％程度であるため、アミノ酸スコアは65となっています。

牛肉、豚肉、鶏肉、牛乳、ヨーグルト、卵、アジ、イワシ、カツオ、サケ、ブリなどはアミノ酸スコアが100の食品です。上手に食事に取り入れて、必須アミノ酸が不足しないようにしましょう。

また、タンパク質は一度に大量に摂取しても体内で利用しにくいため、**三度の食事でバランスよく摂取することが大切**です。「朝、昼でタンパク質を摂れなかったら夜は肉をたくさん食べてプロテインをガブガブ飲む」ということをしても、体がそのタンパク質を利用しきれないのです。

肉類や魚類は手のひら1枚分の100グラムで、20グラムほどのタンパク質を摂取することができます。朝食で焼き魚を、給食やお弁当で豚肉の生姜焼きをそれぞれ手のひらサイズ食べれば40グラムほどのタンパク質が摂取できるということです。この時点で、目標の摂取量まで、体重50キログラムなら残りは10グラム、80キログラムなら40グラム。これを夕食や間食で摂ればOKということ。もちろん、肉や魚以外の食材にもタンパク質は含まれていますから、目標達成は難しいことではないでしょう。

必須アミノ酸、アミノ酸スコア、体重1キログラムあたりのタンパク質の摂取量など、少しややこしいなと感じた人もいるかもしれません。しかし、先に紹介した1日14品目食事法を実践すれば、自然とタンパク質も、必須アミノ酸も十分な量を摂取できます。

14品目の中で**タンパク質が豊富なのは、肉類、魚介類、豆・豆製品、卵、牛乳・乳製品の5品目**です。朝食で焼き魚を、昼食で生姜焼きを食べたならば、肉類と魚介類はクリア。残りは豆製品、卵、牛乳・乳製品ということになります。

給食で出ることが多い牛乳は1杯（200ミリリットル）で約7グラムのタンパク質を摂取することができます。給食がないのなら毎朝コップ1杯の牛乳を飲むことを習慣にしてもいいでしょう。牛乳を飲めば、あとは豆・豆製品と卵です。卵は1つで約6グラム、納豆は1パックで約8グラム、木綿豆腐は一丁（200グラム）で約13グラムのタンパク質を含んでいます。夕食に卵と豆腐を使った料理を食べれば、14品目をクリアでき、タンパク質も十分。肉、魚、卵、牛乳はアミノ酸スコア100ですから、必須アミノ酸もたっぷりと摂れていることになります。

14品目摂取ができていれば、タンパク質が不足することはないので、プロテインを摂取する必要はありません。プロテインなどのサプリメントはあくまでも栄養補助食品で、**栄養の基本は食事**です。タンパク質を摂取すればするほど筋肉がつくわけではありませんし、タンパク質も過剰に摂取すると、タンパク質に含まれる窒素を処理するために、腎臓への負担が増します。必要量を摂りつつ、過剰摂取を避けることが大切です。

「お腹が空いた！部活生におすすめのおやつ、間食は？」

A 糖質が多く、心の栄養にもなるお菓子

B タンパク質とカルシウムが摂れる乳製品

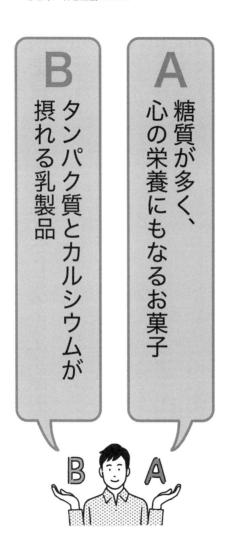

空腹時はカルシウム摂取のベストタイミング（正解はB）

骨は皮膚や筋肉と同じように新陳代謝を繰り返しています。古い骨を壊し、新しい骨を作るというサイクルを繰り返し、強度を保っています。これを骨のリモデリング（再構築）と呼びます。運動などによって刺激を与えると、骨の内部でマイクロクラック（微細骨折）を起こします。マイクロクラックとはミクロ単位で骨にひびが入ることなのですが、悪いことではありません。このひびを修復するために、新たな骨を作る骨芽細胞が活性化してカルシウムが取り込まれ、骨が強化されます。

成長期にあたる年代では、このリモデリングを繰り返すことで骨量が増えていきます。**骨の成長には、運動とカルシウムが欠かせない**ということです。男女ともに20歳頃までに骨量はピークを迎え、45歳ぐらいからは減少に転じます。骨粗鬆症を予防し、生涯を通じて骨を丈夫に保つためには、**成長期の間になるべく骨量を増やし、20歳前後で達する最大骨量（ピークボーンマス）を多くすることが大切**になります。10代の頃の運動習慣や栄養状態が、老後にまで影響するのです。

骨は線維状のタンパク質であるコラーゲンなどから作られたフレームに、カルシウム、マグネシウム、リンといったミネラルが固く結合したものです。

骨をビルにたとえるとしたら、コラーゲンなどのタンパク質は骨組み部分の鉄筋、カルシウムを主体とするミネラルが鉄筋を覆うコンクリートのようなもの。そして骨のビルは一度作られたらそのままというわけではありません。分解と合成を繰り返すので、常に材料を供給しなければならないのです。

強い骨を作るためには、運動で刺激を与えるとともに、骨を作るためのカルシウム、マグネシウム、タンパク質といった栄養素と、カルシウムの吸収を促進するビタミンD、骨へのカルシウムの取り込みを助けるビタミンKも欠かせません。

その中でも特に重要なのがカルシウムになるのですが、**カルシウムは空腹時にとてもよく吸収される**のです。

保護者の方々は子どもの頃、3時のおやつに牛乳やカルシウム入りのビスケット、小魚などを食べた経験がないでしょうか。実はこれらはとても理にかなったおやつだったのです。私は子どもの頃、おやつが牛乳ババロアと決まっていました。本当に毎日のように食べていて、たまには違うものを食べたいなと思ったものですが（笑）、今では丈夫に育ててもらったなとても感謝しています。私はいろいろなケガを経験していますが、ありがたいことに骨折をしたことはありません。

子どもの頃の食生活はとても重要です。日々、同じ動作を繰り返すことになる長距離選手はいくら気をつけていても疲労骨折をしてしまうことが多いのですが、骨密度がとても高く、疲労骨折を全くしない選手がいました。どんな食生活をしてきたのかと聞いてみると、その選手のお父さんは料理人で、食事は常にお父さんの手料理、レトルト食品やコンビニ弁当どころか、外食もお菓子も食べさせてもらえなかったそうです。**インスタント食品やレトルト食品は、リンを多く含んでいるため、食べ過ぎるとリンの過剰摂取になり、骨が弱くなってしまいます。**その選手の骨が強いのは、まさにお父さんの手料理のおかげだったわけです。まさに部活生のおやつに最適と言えるでしょう。

チーズやヨーグルトは、タンパク質とカルシウムの両方を多く含んだ食品です。まさに部活生のおやつに最適と言えるでしょう。

おやつにはしづらいかもしれませんが、豆腐や納豆、煮干しもタンパク質とカルシウムを豊富に含んでいます。特に納豆は骨へのカルシウムの取り込みを助けるビタミンKが豊富です。強い骨を作るのにこれ以上はないぐらいぴったりの食品なので、ぜひ積極的に食べてほしいなと思います。

「白米を食べれば食べるほど強い選手になれる？」

A
白米をたくさん食べればその分練習ができるし、体も大きくなる

B
白米もそれぞれの体に合った適量がある

どんな食品もたくさん食べればよいわけではありません（正解はB）

エネルギー不足にならないように、体を大きくするために、白米をたくさん食べるよう指導されることがあるかもしれません。

確かにハードなトレーニングをするアスリートの場合、エネルギー不足にならないようにご飯をたっぷりと食べることがあります。特に白米は比較的安価に手に入り、日本人の体にも合っていることから、たくさん食べている選手が多いのも事実です。

しかし、何事にも個人差があり、いくら食べても大丈夫だという人もいれば、そうでない人もいます。栄養バランスに気をつけることは大切ですが、**とにかくたくさん食べればいいというわけではない**ことを理解してもらえたらと思います。

白米やパン、麺類などは、食べた後に血糖値が上がりやすい食品です。血糖値とは血液内のブドウ糖濃度のこと。食前・食後で変動するもので、低過ぎる状態を低血糖、高過ぎる状態を高血糖と呼びます。食事で摂取した糖質は、消化器官で消化、吸収されてブドウ糖となり、血液中に流入します。血糖値が上昇すると、膵臓《すいぞう》からインスリンが分泌されます。インスリンが肝臓、筋肉細胞、脂肪細胞などに働きかけ、ブドウ糖を各細胞へと送り込み、血糖値は正常化します。

血糖値が上がりやすい食品を一度に大量に食べると、人によっては過剰にインスリンが分泌され、血糖値が急降下し低血糖に陥ってしまう場合があります。

また、糖質の摂り過ぎで大量のインスリンが分泌されることで、低カリウム状態となって、筋肉が動かなくなってしまうインスリンショック（別名大福餅症候群とも言われます）というものもあります。

白米をたくさん食べるようにしたら、なんか力が出ない、調子が上がらないなど今までのように走れなくなってしまった長距離選手が、白米の量を抑えたら元に戻ったという例もあります。

どんなに体に良いとされるものでも**食べ過ぎは禁物**なこと、そして**何事にも個人差がある**ことを頭に入れておきましょう。

「練習で疲れてお風呂に入るのが面倒臭い！」

A
疲れているときほど湯船に浸かる

B
疲れているときはシャワーで済ませてOK

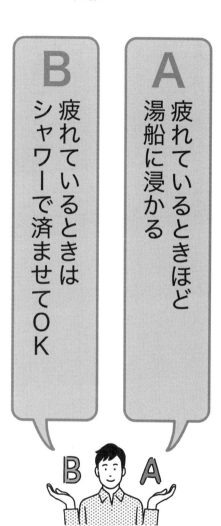

浴槽に入るのを習慣にしましょう（正解はA）

一日の疲労をしっかり抜くため、そして質の高い睡眠をとるためには、**浴槽に浸かることはとても大切**です。なるべくシャワーだけで済まさないように心がけましょう。アスリートの多くも毎日のように浴槽入浴していますし、海外遠征などでシャワーしかないホテルに泊まると「疲れが取れにくい」という声が聞かれます。

浴槽入浴には、シャワーだけでは得られにくい3つの疲労回復作用があります。それは温熱作用、静水圧《せいすいあつ》作用、浮力作用です。

温熱作用は、温かいお湯に浸かることで得られるもの。血管が拡張して、血流が促進されるため、細胞が求める酸素とエネルギーが体の隅々まで行き渡るようになり、老廃物の排出も促されます。疲労回復のための浴槽入浴に**適した温度は、38〜41℃ほど**。体の深部まで温めるために、少し長めに浸かるようにしましょう。38〜41℃ほどの湯は体への負担が少なく、心身をリラックスさせる副交感神経を優位にさせやすいというメリットもあります。副交感神経が優位になると、より一層血管が開いて血流が促進されますし、その後の入眠もスムーズになります。42℃以上の熱いお湯は刺激が強く、血管を縮める交感神経が優位になりやすいので、注意してください。

さらに温熱作用を高めたければ、炭酸入浴剤を活用する方法があります。**炭酸浴には、皮膚の血管拡張を促す効果がある**からです。国内のトップアスリートたちが利用する「味の素ナショナルトレーニングセンター」には、炭酸泉浴槽が設置されていますし、リオ五輪では代表選手が利用できるジャパンハウスと呼ばれる拠点で炭酸浴ができるようになっていました。炭酸入浴剤を遠征に持参するアスリートも多くいます。

静水圧作用とは、水圧によるものです。水深1センチメートルにつき1グラム／平方センチメートルの水圧がかかるのですが、この水圧によって、体の比較的表面に近いところを走っている静脈とリンパ管が圧迫されて、老廃物を取り除いてくれる静脈血とリンパ液の循環が良くなります。

そして**浮力作用**。地上では重力があるため、重力に対抗して姿勢を保つために筋肉が常に働いています。下半身や背中などの抗重力筋と呼ばれる筋肉は、ただ立っているときでも頑張っているのですが、水中では浮力のおかげで重力による負担が減り、緊張がほぐれやすいのです。

浴槽入浴をするだけでも、心身のリラックス、疲労回復効果は十分にありますが、さらにリカバリーを促進したいというときは、**交代浴**がおすすめです。

交代浴とは、**お湯と水風呂（アイスバス）に交互に入る入浴法**。浴槽入浴で体を温めると血管は広がり、水風呂で冷やすと血管は縮みます。血管の拡張と収縮を繰り返すことで、疲労物質を素早く除去することができ、疲労回復しやすくなるのです。

青山学院大学の駅伝チームの寮には、お湯を溜めた浴槽と水を溜めた浴槽があり、選手たちは日々、交代浴でリカバリーをしています。交代浴の一般的なやり方は、全身を湯船（40～45℃）で温めた後、下半身のみを水風呂（15～20℃）で15～30秒ほど冷やし、再度湯船に入って30～60秒温めるというのを5～10セット繰り返します。水風呂は子ども用のプールを使うと手軽です。

自宅で交代浴をするのが難しい場合は、水風呂がある入浴施設を利用するといいでしょう。強度の高い練習をしたとき、試合やレースの後などに試してみてください。

浴槽入浴は体のリカバリーを促進するのにとても有効な手段です。練習後のストレッチと同じように習慣にしましょう。質の高い練習をするためにも、ケガを予防するためにも、疲労をなるべく翌日に持ち越さない工夫が必要です。

「脚がよくつってしまうのを防ぐためには？」

A
ミネラルが不足しないように気をつける

B
脂質が不足しないように気をつける

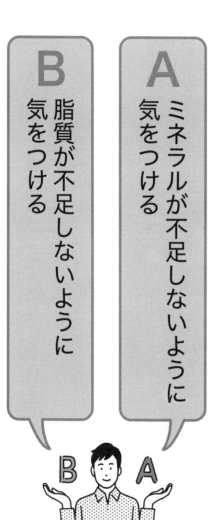

ミネラル不足も原因の一つとして有力視されています（正解はA）

「運動中によく脚がつってしまうが、どうしたらいいか」と質問されることがあります。**〝つる〟とは、筋肉がぐっと縮んだまま、元に戻らなくなってしまった状態**のこと。医学的には筋痙攣と呼びます。

筋痙攣が起きる原因ははっきりと解明されているわけではありませんが、現段階では、筋力や柔軟性不足、ウォーミングアップ不足、カルシウムやカリウム、マグネシウムといったミネラル成分の不足、それと水分不足の四つがその原因だと有力視されています。

ミネラルは筋肉が伸び縮みするときに使われる成分ですが、体内で合成することができません。また、運動をして汗をかくと体外に排出されてしまうので、常日頃から意識的に摂取していないと、不足してしまいがちです。

カルシウムであれば牛乳やヨーグルト、チーズなどに豊富に含まれています。カリウムはバナナ、キウイ、アボカド、ホウレンソウなどに、マグネシウムはアーモンドなどのナッツ類や、大豆食品に多く含まれています。毎日の食事の中でこれらの摂取を意識してみましょう。

脚がつる症状を慢性化させないためには予防策が大切です。原因が柔軟性不足にあるのか、ウォーミングアップ不足にあるのか、ミネラル不足にあるのかは人それぞれなので、いろいろと試しながら原因を探ってみてください。

部活動中に脚がつってしまった場合は、冷やさずにその部位を温めてあげることが大切です。つった部分を冷やすと、筋肉がさらに縮んでしまいます。ゆっくりとストレッチをして伸ばしてあげることはもちろん、カイロを使う、毛布をかけるなどして温めると回復が早まります。

また、水ではなく、**電解質バランスに優れた経口補水液やスポーツドリンクで水分を補給する**ようにしてください。

「子どものためになる親のサポートはどっち？」

A　休日も平日と同じ生活サイクルで過ごす

B　サプリメントや健康飲料を欠かさない

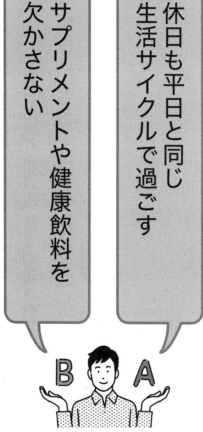

ライフサイクルを作ってあげるのは保護者の重要な役割（正解はA）

部活動で熱心に練習している子どもを見たら、できる限りのサポートをしてあげたいというのが親心。しかし、何をどこまでサポートするのかという線引きはなかなか難しいものです。私は部活動で水泳をやっていた頃、試合には親に観に来てほしいと思っていたタイプですが、そうでない子もたくさんいると聞きます。

試合を観に来てほしくないと感じるタイプの子は、多くの場合「競技を知らない親にあれこれ言われたくない」と言います。つまり、プレーを観てほしくないと思っているというよりも、プレーについて口を出されたくないだけなのかもしれません。

「子どものためを思って声をかけている」というのはわかりますが、本人のやる気を削《そ》いでしまったり、そのスポーツを楽しめなくなってしまう可能性のある声のかけ方は避けてあげてほしいなと思います。

保護者の方ができる部活動へのサポートはたくさんあります。たとえば食事については、保護者の方のサポートなしに、栄養バランスに優れた食生活を送ることはできません。私が推奨している14品目食事法も、保護者の方の協力なしには成り立たないものです。**健康な体作りのための日々の食事は、最重要のサポート**と言えるでしょう。

睡眠に関しても同様です。親子で同じ時間に就寝する必要はありませんが、子どもが早く寝るためには、そうできるサイクルを作ってあげなければいけません。極端な例ですが、夕食の開始が21時だったら、22時に就寝するのは難しいですよね。

睡眠のパートでは、休日に睡眠のリズムを崩さないことが大切だと書きましたが（１９４頁）、これも保護者の方の協力が必要です。日曜日は両親が朝起きるのが遅く、朝食が11時という家庭で、子どもだけ平日と同じように起きるというのは無理があります。**夜早く寝られる環境作り、平日と休日で生活リズムを大きく変えないというのも保護者の方の大切な役割**かと思います。

サプリメントや健康飲料、漢方薬など、体に良いという情報を目にすると、子どものために買ってあげたくなる保護者の方がいるかもしれません。親元を離れて、寮生活を送っていたりすると、差し入れとして送ってあげたくなる気持ちもわかります。しかし、これについてはかなり注意が必要です。

2022年北京冬季五輪で話題になっていたドーピング問題。遠くの世界で起きていることのように感じていた人もいるかもしれませんが、他人事《ひとごと》ではないのです。

中学生、高校生の年代でも国際大会となればドーピング検査はありますし、国内の大会でも国民体育大会などではドーピング検査が導入されています。

「ドーピングに引っかかるようなものは摂らせていないから大丈夫」と思う方が多そうですが、本当にそうでしょうか。

たとえば、市販の風邪薬や咳止め、鼻炎薬、胃腸薬には禁止物質が含まれているものが多々あります。意外に思われるかもしれませんが、目薬、うがい薬、のど飴、育毛剤にも禁止物質が含まれていたりします。

漢方薬も同様です。たとえば風邪のひきはじめに飲まれることがある葛根湯《かっこんとう》にも、禁止物質が含まれています。

プロテインを含むサプリメントや、栄養ドリンクも油断できません。サプリメントや栄養ドリンクは、栄養補助食品と言われることからもイメージできる通り、医薬品ではなく、食品に分類されます。食品には、すべての原材料や成分を記載する義務がありません。禁止物質を知らぬ間に摂っていたということが起こり得るのです。

そのためアスリートたちは体の中に入れるものにとても気を遣っていますし、周囲のスタッフも迂闊《うかつ》に市販薬やサプリメントを渡すことはありません。

スポーツを続けていくのならば、保護者の方も選手本人も禁止物質について知っておくべきでしょう。

アンチ・ドーピングについて気になる方はＪＡＤＡ（日本アンチ・ドーピング機構）のホームページをチェックしてみてください。

以前、子ども向けの書籍を作った際に、保護者の方の悩みを聞いたことがあります。とあるお母さんは、アロマセラピストの資格をとって子どものマッサージを習慣にしたら、習っているスポーツの話をしてくれるようになったと言っていました。

そこまですることに感心したのと同時に、選手とトレーナーの関係に似ているなと思いました。選手たちはストレッチやコンディショニングのときだとリラックスしているせいもあって、トレーナーには結構いろいろなことを話してくれます。監督やコーチ、チームメイトにはなかなかできない相談をしてくることもあります。

子どもたちも誰かに相談したい悩みを抱えているかもしれません。マッサージをしてあげてくださいとは言いませんが、競技について口出しをするのではなく話を聞いてあげる、**子どもたちがリラックスして話しやすい環境**を作ってもらえたらなと思います。

「部活がしばらく休み。コンディション維持に何をする？」

A　せっかくの長期休暇は体を動かさずに休む

B　家でできるトレーニングをして体力キープ

完全に運動をやめてしまうと筋力や心肺機能が落ちてしまいます（正解はB）

春休み・夏休み・冬休みに、しばらく休みになる期間がある部活動があると思います。それ以外にも、感染症の流行で学級閉鎖があるでしょうし、新型コロナウイルスの流行時には休校や、緊急事態宣言中の部活動休みといったこともあったと思います。

たまには部活動のことを忘れて休むことも大切ですが、長時間あまりにも体を動かさなくなってしまうと少々問題があります。

継続していた筋トレを4週間休むと筋力が低下し始めるとされていますし、心肺機能については2週間で落ちてくると言われています（55頁参照）。

そして、そもそも**健康維持や健全な体の成長に運動は欠かせない**ものです。

たとえば縄跳びは体力維持・向上にとてもいい運動です。日本では小学校の頃に体育の授業や縄跳び週間などで、縄跳びに触れているので、とても身近なものですし、習得に特別な練習が必要というわけでもありません。

縄跳びは心肺機能や瞬発力、脚力を鍛えることができる優れもの。遊びのように捉えている人もいるかもしれませんが、実は強度が高く、短時間で十分なトレーニングになります。

まずは、普通の前跳びを１分間×２セットで構いません。いきなり二重跳びをたくさん跳んだり、長時間跳ぶと、負荷が大きくなり過ぎる可能性があるからです。慣れてきたら30秒ずつ時間を延ばしていき、５分間続けられたら十分です。

もちろん**ランニングも良いトレーニング**です。走力アップのところで紹介したインターバルトレーニングは１人でもできますし、ランニングのコースに階段や坂道を取り入れるのも足腰や心肺機能を鍛えるのに有効です。

自宅でできる簡単なトレーニングをいくつか紹介しておきますので、参考にしてみてください。

①膝つきプッシュアップ

胸、肩、腕の筋肉を鍛えることができます。床にうつ伏せになり、両手を肩幅に開いて手を床に置きます。膝は90度ほど曲げて、頭から膝までが一直線になるようにしましょう。頭から膝までを一直線にキープしたまま、腕を伸ばして体を持ち上げます。4カウントで上げて、4カウントで下ろし、胸が床に近づいたところで4カウントキープしましょう。15～25回を3～5セット。

②エアランニングマン

走る動作習得に加え、走るのに必要な筋力を鍛えることができます。椅子や机の縁を両手でつかんで両足を前後に開きます。ジャンプして足の前後を入れ替えます。これをリズミカルに繰り返します。1セットあたり20秒ほどから始めて、少しずつ時間を増やし最終的には1分を目標にします。5～10セット。靴下では滑ってしまうので、裸足か屋内用シューズを履いて行うようにしてください。

③親子ローイング

背中や腕まわりの筋肉を鍛えられるトレーニングです。床に仰向けになり、タオルの両端を持ちます。パートナーはタオルの真ん中を両手で握り、腰を落としてバランスをとります。肩甲骨を背骨に向かって引き寄せるようなイメージでタオルを引き、上体を起こします。15～25回を3～5セット。

④ストラドルジャンプ

踏み台を跨《また》いで立ち、両脚ジャンプをして、踏み台に乗ります。片脚ずつ床に下ろして元に戻ります。これを繰り返すのですが、踏み台から下りる際に先に下ろす足は左右交互にします。⑤のニーアップとセットで15～30分行いましょう。

⑤ニーアップ

踏み台を上り下りする有酸素運動で下半身の筋肉や心肺機能を鍛えることができます。片脚を踏み台の上に乗せ、踏み台に乗り込みながら後方の脚を前に出し、太ももが床と平行になる高さまで持ち上げます。元に戻り、同じ動作を左右の脚を入れ替えて行います。④のストラドルジャンプと合わせて15～30分行いましょう。

「目標はどうやって決めたらいい？」

A なるべく大きな目標を掲げる

B 小さな目標をたくさん作る

夢はあっていいが具体的で実現の見込みのある目標が必要（正解はB）

部活動での目標はチームスポーツならチームで、個人競技なら選手それぞれが監督やコーチとも話し合いながら決めるものだと思います。

それとは別に、個人での夢や目標があると思います。たとえば野球をやっていたら将来はメジャーリーガーになりたいとか、サッカーをやっていたら日本代表になりたいとか、長距離をやっていたら箱根駅伝を走りたい、オリンピックに出たいといった夢があるかもしれません。

大きな夢を持つことは大切ですし、それが日々の練習のモチベーションにも繋がるでしょう。しかし、**夢と目標というのは別のもの**。成長には、**小さな目標をたくさんクリアしていく**ことが重要で、それを続けていけば、いつの日か夢を叶えられる日がやってくるかもしれません。

オリンピックでメダルを獲ったアスリートや、プロになったアスリートが、インタビューで「子どもの頃からの夢でした」と語ることがあります。小学校や中学校の文集に書かれていた夢がテレビや雑誌に取り上げられることもあります。

確かに彼ら彼女らは子どもの頃から大きな夢を持っていたと思うのですが、同時に小さな目標をコツコツと達成してきたはずです。

今ではメジャーリーガーとなった選手も、リトルリーグでレギュラーを取る、カーブを投げられるようになるなどという目標を立て、そのために何をするべきかを考えて練習に臨んでいたと思います。

大きな夢へたどり着く道はあまりにも漠然としていますが、**小さな目標であれば自分に何が足りないか、そのためにどんな練習をすればいいのかといったことが具体的にイメージできる**はずです。

小さな目標をたくさんクリアしながら、夢に向かって頑張っていきましょう。

おわりに

「子どもに何か運動をさせようと思いますが、中野さんだったら何がおすすめですか？」

かなり多くいただく質問です。

親であれば健康で丈夫な体に育ってほしい……そんな思いがあるのでしょう。それなら間違いなく水泳をおすすめします。左右対称のスポーツで、一部の関節だけに極端に負荷をかけ続けることがないため、骨格の形成不全になる可能性が低い。さらに成長期の段階では呼吸循環器系の発達が著しいですし、また寒暖差のあるスポーツであることから体温の調整能力（自律神経系）が強化でき、免疫力の向上にも役立ちます。しかし、これは親がさせたい運動ですよね。では、お子さん自身はどんな運動に興味があるでしょうか？

部活動では、サッカーや野球、バスケなどチームで戦うもの、テニス、格闘技など相手と対峙して行うもの、陸上競技や体操など個人の技術を競い合うものなどさまざまなスポーツが存在します。一方、テレビやネットのゲーム世界では、戦いの場は非現実的で仮想空間。

頑張ればポイントをゲット。でも失敗したら即座にリセット。そうすればダメージはゼロ。

そんな世界と隣り合わせで生きる子どもたちが、ゲームに負けないほど一心不乱に打ち込める運動に出会うためには、指導者の影響が大きいでしょう。先日、テレビで高校生が顧問の先生に「先生に褒められたい気持ち一心で、頑張ってきました」と涙ながらに卒業の挨拶をするシーンを観ました。私も学生に教える立場として、生徒からこんなことを言われたら号泣してしまいます。きっとそれ以上の言葉では表せない関係性が、学生時代に培われたのでしょう。

ゲームなら、失敗したら1秒でリセット。でも現実のスポーツではそうはいきません。そこを乗り越えるために、さまざまなドラマがあるのです。社会に出ても同じことでしょう。体を丈夫にするだけではないスポーツの素晴らしさや必要性が、そこにあると思っています。

一度、お子さんに「何をしてみたいのか?」聞いてみてください。その質問一つで、大きく人生が変わることになるかもしれません。そのとき、この本に書いてあることが役にたてば幸いです。

2022年5月

中野ジェームズ修一

本書は、読売中高生新聞の連載「間違いだらけの部活トレ」および「部活応援団」の2018年4月〜2021年11月掲載分より、大幅に加筆・修正したものです。

ラクレとは…la clef=フランス語で「鍵」の意味です。
情報が氾濫するいま、時代を読み解き指針を示す
「知識の鍵」を提供します。

中公新書ラクレ
764

子《こ》どもを壊《こわ》す部《ぶ》活《かつ》トレ

一流《いちりゅう》トレーナーが教《おし》える本当《ほんとう》に効《き》く練習《れんしゅう》方《ほう》法《ほう》

2022年5月10日発行

著者……中野《なかの》ジェームズ修一《しゅういち》

発行者……松田陽三
発行所……中央公論新社
〒100-8152 東京都千代田区大手町1-7-1
電話……販売 03-5299-1730　編集 03-5299-1870
URL https://www.chuko.co.jp/

本文印刷……三晃印刷
カバー印刷……大熊整美堂
製本……小泉製本

Published by CHUOKORON-SHINSHA, INC.
Printed in Japan　ISBN978-4-12-150764-8　C1275

中公新書ラクレ　好評既刊

L568
増補版　箱根駅伝
――世界へ駆ける夢
読売新聞運動部　著

箱根駅伝は、今や日本の正月に欠かせない風物詩ともなった学生スポーツの花形。世界に名だたる「EKIDEN」の代名詞ともいえる存在だ。90年以上の歴史の中で多くのドラマも生まれた。箱根駅伝を見つめ続けた読売新聞運動部記者たちが、名ランナーたちの活躍や試練など胸を熱くする歴史をさまざまな角度から綴った。さらに、2016年のリオ五輪報告、2020年の東京五輪を見据えた情報を加筆して駅伝ファンに届ける。

L679
新装版　学術的に「正しい」若い体のつくり方
――なぜあの人だけが老けないのか？
谷本道哉　著

同級生なのに老けないあの人には理由があった！　国民総肥満、定年延長が叫ばれる昨今、スリムで70歳まで働けるカラダづくりはもはや必須科目。そこで今すぐ始められる筋トレと食事術を、あの人気TV番組出演の谷本先生が徹底解説。学術的に「正しい」若返り法を伝授します。階段は使わないと大損？　今日の10分筋トレがあなたの人生を決める？　メタボ、ロコモ対策もこれ一冊でOK。筋肉こそ、生涯の友である！

L731
どの子も違う
――才能を伸ばす子育て　潰す子育て
中邑賢龍　著

個性が強い子どもたち。突出した才能に恵まれても、そのうちのいくらかは問題児扱いされて居場所を失い、結果として不登校などになりがちだ。そんな彼らに学びの場を提供する東大先端研「異才発掘プロジェクトROCKET」でディレクターを務めるのが著者だ。教科書も時間割もないクラスで学ぶものとは？　「成績が良ければ優秀」な時代は過ぎた？　最先端の研究の場で得られた知見を一冊に集約し、子どもの才能を伸ばす子育て法を伝授！